Parallelo

Mathematik

6 Basisaufgaben
Nordrhein-Westfalen

Herausgegeben von
Anja Pies-Hötzinger

Erarbeitet von
Susanne Batzer
Bernd Bolduan
Martin Cichon
Daniel Jacob
Jeannine Kreuz
Markus Ledebur
Katharina Perbandt
Martin Wachter
Winfred Weis
Christina Wolf
Rainer Zillgens

Beraten von
Judith Decreßin
Christina Kapitza
Knut Kumpe
Susanne Kuß
Caroline Marx
Christa Meyer
Jessica Pfeffer
Ronald Sturm

Teilbarkeit und Brüche

Kreise und Winkel

Mit Brüchen rechnen

Körper

🖳 Medienkompetenz   ✚ zusätzlicher Inhalt

Dezimalzahlen

Daten

Mit Dezimalzahlen rechnen

Ganze Zahlen

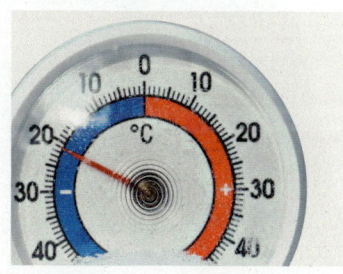

Anhang

Die Lösungen können unter https://www.cornelsen.de/codes/code/denahe abgerufen werden.

Teilbarkeit und Brüche

In diesem Kapitel lernst du, …

→ Vielfache und Teiler zu bestimmen.
→ wie du mit Teilbarkeitsregeln überprüfen kannst, ob man Zahlen ohne Rest dividieren kann.
→ Anteile von einem Ganzen zu erkennen und zu zeichnen.
→ Brüche zu erweitern und zu kürzen.
→ Brüche zu vergleichen.
→ Brüche an einem Zahlenstrahl darzustellen.

Wie viele Kinder können sich die Gummibärchen gerecht teilen?
Und die Schokolade?
Wie viele Stückchen bekommt jedes Kind, wenn sich 4 Kinder die Schokolade gerecht teilen?
Wie viele Stückchen sind es bei 32 Kindern?

ANWENDEN

1 Welche Multiplikationsreihe ist das? Schreibe die nächsten drei Vielfachen auf.

Tipp Auf welche Zahl zeigt der erste Pfeil?

a)
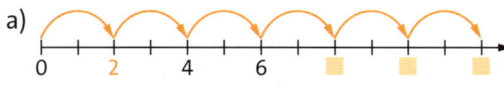

b)
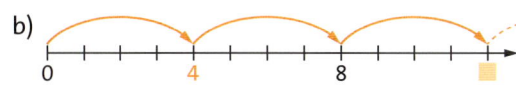

c)
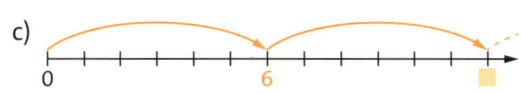

2 Schreibe die ersten fünf Vielfachen auf.

a) 2   b) 5   c) 10

d) 9   e) 8   f) 7

Tipp Die ersten fünf Vielfachen von 4 sind: 4, 8, 12, 16 und 20.

3 Übertrage und ergänze im Heft.

a) Vielfache von 2: 2; 4; ■; 8; ■; ■; ...

b) Vielfache von 5: ■; ■; 15; ■; 25; ...

c) Vielfache von ■: ■; 18; 27; 36; ■; ■; ...

Tipp Multiplikationsreihen:

zu a) die 2er-Reihe

zu b) die 5er-Reihe

zu c) Zu welcher Reihe passen 18; 27; 36?

4 Vielfaches oder kein Vielfaches? Begründe.

Tipp 8 ist **ein** Vielfaches von 4, weil 2 · 4 = 8
9 ist **kein** Vielfaches von 4, weil 9 nicht zur 4er-Reihe gehört.

a) 36 ist ein/kein Vielfaches von 6, weil ...

b) 46 ist ein/kein Vielfaches von 8, weil ...

Tipp die 6er-Reihe: 6; 12; 18; 24; ...
die 8er-Reihe: 8; 16; 24; 32; ...

Methode Das kgV

Das kleinste gemeinsame Vielfache

Gemeinsame Vielfache kann man mit den Vielfachen bestimmen:

$V_2 = \{2; 4; 6; 8; 10; 12; 14; 16; 18; 20; ...\}$
$V_3 = \{3; 6; 9; 12; 15; 18; 21; ...\}$

Das kleinste gemeinsame Vielfache von 2 und 3 ist 6. $kgV(2; 3) = 6$

5 Bestimme die ersten drei gemeinsamen Vielfachen.

Welches ist das kleinste gemeinsame Vielfache (kgV)?

a) $V_4 = \{4; 8; 12; 16; 20; 24; 28; 32; 36; 40;...\}$
$V_6 = \{6; 12; 18; 24; 30; 36; 42; 48; 54; ...\}$

b) $V_3 = \{3; 6; 9; 12; 15; 18; ...\}$
$V_5 = \{5; 10; 15; 20; 25; 30; ...\}$

6 Schreibe zu den beiden Zahlen die Vielfachen auf. Welches Vielfache ist das kleinste gemeinsame Vielfache?

a) von 2 und 3   b) von 3 und 5

c) von 5 und 6   d) von 2 und 6

Tipp ① Schreibe von beiden Zahlen die Vielfachen auf.

② Schreibe gemeinsame Vielfachen orange.

③ Kreise das kleinste gemeinsame Vielfache grün ein.

7 Wie viel braucht man für 4; 6 oder 10 Personen?

Eierkuchen: Zutaten für 2 Personen

 2 Eier   2 Löffel Zucker   200 g Mehl   300 g Milch    500 ml Wasser

8 Übertrage und ergänze
im Heft.
Welche Zahlen sind **Teiler**?
Welche Zahlen sind **keine Teiler**?

a) $6 : 1 = 6$
$6 : 2 = 3$
$6 : 3 = 2$
$6 : 4 =$ geht nicht

b) $14 : 1 = 14$
$14 : 2 = 7$
$14 : 3 =$ geht nicht
$14 : 4 =$ geht nicht

9 Teiler oder kein Teiler? Begründe.
Tipp Ja. 8 ist **ein** Teiler von 56, weil $56 : 8 = 7$
Nein. 11 ist **kein** Teiler von 56,
weil $56 : 11$ geht nicht ohne Rest
a) Ist 6 ein Teiler von 24?
b) Ist 5 ein Teiler von 31?
c) Ist 9 ein Teiler von 81?

Tipp Die Teiler von 24 sind 1; 2; 3; 4; ...

10 Welche Zahlen sind Teiler von 36?
Begründe.
Tipp 8 ist ein Teiler von 56, weil $56 : 8 = 7$.

Tipp Kann man 36 ohne Rest durch 1 teilen?
Kann man 36 ohne Rest durch 2 teilen?
...

11 Kim soll alle Teiler von 18 finden.
a) Beschreibe, was Kim meint.
Warum hat sie Rechnungen
durchgestrichen?
b) Woran erkennt Kim, dass sie
alle Teiler gefunden hat?
c) Beschreibe Kims Vorgehen
mit eigenen Worten.

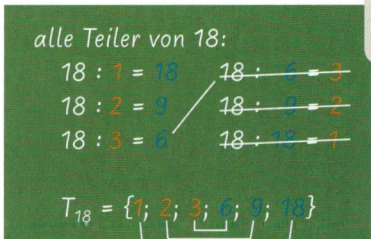

Die Teiler wiederholen
sich ab jetzt.
Ich bin also fertig!

12 Übertrage und ergänze alle Teiler im Heft.
a) alle Teiler von 10: 1; ▨; ▨; 10
b) alle Teiler von 14: ▨; ▨; ▨; 14
c) alle Teiler von 30: 1; ▨; ▨; ▨; ▨; ▨; ▨; 30

Tipp Schreibe die Divisionsaufgaben wie Kim
in Aufgabe 11 auf.

13 Überprüfe, ob Ole alle Teiler gefunden hat.
Ergänze im Heft.
a) *alle Teiler von 22: 1; 2; 4; 11; 22*
b) *alle Teiler von 40: 1; 2; 4; 8; 40*

Tipp zu a) 22 hat vier Teiler.
Da ist ein Teiler zu viel.
zu b) 40 hat acht Teiler. Es fehlen drei Teiler.

14 Jannek hat 12 Fliesen.
Er möchte die Fliesen zu
einem Rechteck anordnen.
a) Zeichne andere Möglichkeiten ins Heft, wie Jannek
die Fliesen anordnen kann.
b) Wie viele Möglichkeiten gibt es?
c) Jannek bekommt noch 12 Fliesen dazu.
Wie viele Möglichkeiten gibt es jetzt?

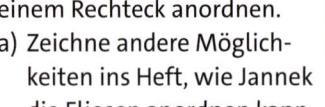

Tipp Schreibe alle Teiler von 12 auf.

ANWENDEN

1 Welche Zahl ist durch 2 teilbar? Begründe.
Tipp 14 ist durch 2 teilbar, weil …
a) 24   b) 36
c) 45   d) 1002

Tipp Eine Zahl ist **durch 2 teilbar**, wenn die letzte Ziffer eine 0, 2, 4, 6 oder 8 ist.

2 Welche Zahl ist durch 5 teilbar? Begründe.
a) 55   b) 38
c) 2010   d) 38109

Tipp Eine Zahl ist **durch 5 teilbar**, wenn …
Also: 55 ist durch 5 teilbar, weil…

3 Welche Zahl ist durch 10 teilbar? Begründe.
a) 90   b) 78
c) 900   d) 3050

Tipp Eine Zahl ist **durch 10 teilbar**, wenn …
Also 90 ist durch 10 teilbar, weil…

Hinweis
Man nennt eine Zahl gerade, wenn sie durch 2 teilbar ist.

4 Welche Zahlen sind gerade?
Welche Zahlen sind durch 5 teilbar, welche durch 10?

468   2100   4785   9874
3600   6780   3476   9615   64000   120550

5 Welchen Geldbetrag kann man mit 2-€-Münzen bezahlen?
a) 17 €   b) 22 €
c) 28 €   d) 46 €

Tipp Teilbarkeitsregel:
Wann ist eine Zahl durch 2 teilbar?

6 Übertrage und ergänze im Heft.
Die Zahl soll durch 5 teilbar sein.
a) 279■
b) 380■
c) 987■

0 2 4 6 8
1 3 5 7 9

Tipp Teilbarkeitsregel:
Wann ist eine Zahl durch 5 teilbar?
Es gibt mehrere Lösungen.

7 Welche Zahl ist die nächstgrößere, die durch 10 teilbar ist?
a) 38   b) 45
c) 121   d) 199

Tipp Teilbarkeitsregel:
Wann ist eine Zahl durch 10 teilbar?

8 Yasmin möchte 54 € bei der Bank abholen.
a) Yasmin möchte nur 2-€-Münzen haben.
b) Yasmin möchte nur 5-€-Scheine haben.
c) Yasmin möchte nur 10-€-Scheine haben.
Kann Yasmin das Geld so bei der Bank abholen? Begründe.
Wie viele Münzen oder Scheine erhält sie?

Tipp zu a) Ist 2 ein Teiler von 54?

9 Pia sagt: „Wenn eine Zahl durch 2 und durch 5 teilbar ist, dann ist sie auch durch 10 teilbar." Stimmt das?
Probiere das mit den Zahlen 40 und 200 aus.

Tipp Ist 40 durch 2 teilbar?
Ist 40 durch 5 teilbar?
Ist 40 dann auch durch 10 teilbar?

10 Berechne die Quersumme.

a) 45   b) 987
c) 1258   d) 2054

Tipp Quersumme von 5640:

$5 + 6 + 4 + 0 = 15$

11 Welche Zahl ist durch 3 teilbar?
Begründe mithilfe der Quersumme.

a) 56   b) 87
c) 189   d) 553
e) 1560   f) 12024

Tipp Ist die Quersumme durch 3 teilbar?

12 Immer 3 Stifte sollen
zusammen verpackt werden.
Bei welchen Stiften ist das
möglich?
Gib weitere Mengen an,
die man so verpacken kann.

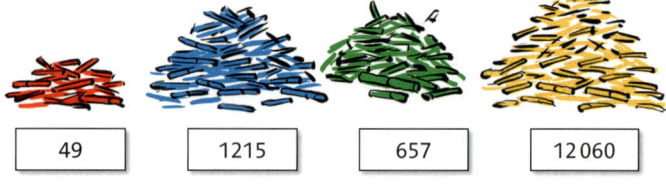

49   1215   657   12060

13 Übertrage und ergänze die Ziffern im Heft.
Die Zahl soll durch 3 teilbar sein.

a) ■2   b) 3■
c) 7■   d) ■53

👥 Vergleicht eure Ergebnisse.

Tipp Welche Ziffer kannst du einsetzen?

0   1   2   3   4   5   6   7   8   9

zu a) ■ + 2 = ? ← Das Ergebnis muss
durch 3 teilbar sein.

14 Die Klasse 6 a hat 27 Schüler.
Für eine Gruppenarbeit sollen sie sich in
gleich große Gruppen mit jeweils 3 Schülern
einteilen.
Ist das möglich? Begründe.

Tipp Ist 3 ein Teiler von 27?

15 Bilde aus den Kärtchen Zahlen,
die durch 3 teilbar sind.

6   5   3   4   3   0

Tipp Du musst nicht alle Kärtchen benutzen.

16 Übertrage und ergänze die Tabelle im Heft.

	teilbar durch	2	3	5	10
a)	120	✓	✓		
b)	225	✗			
c)	310				
d)	546				

Tipp zu a) Ist 120 durch 2 teilbar?
durch 3 teilbar?
durch 5 teilbar?
durch 10 teilbar?
Endziffern-Regeln und Quersummen-Regel

17 👥 Die Zahlen sind durch 3 teilbar:
Sind die Zahlen noch durch 3 teilbar, wenn
a) man Ziffern vertauscht?
c) man zu der Zahl 6 addiert?
Begründet eure Antwort.

174   234   285

b) man von der Zahl 3 subtrahiert?
d) man die Zahl verdreifacht?

ANWENDEN

Hinweis
Der Zwerg
sitzt auf dem
Nilpferd.

$\frac{Z}{N}$

1 Was bedeutet $\frac{4}{5}$?

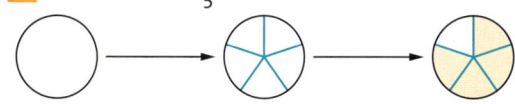

Tipp Das Ganze wurde in ■ gleich große
Teile geteilt.
Davon werden ■ Teile genommen.

2 Wie heißt der Bruch?
Schreibe den Bruch mit Zahlen und in Worten.

Tipp
Zähler: Wie viele Teile sind orange?
Nenner: Wie viele gleich große Teile sind es?

a) 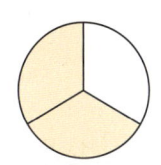   b)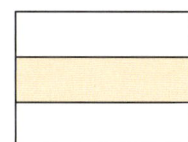

c) 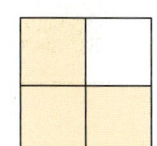   d)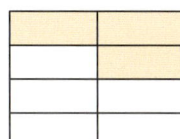

e)    f)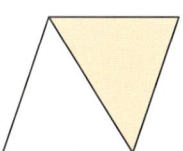

3 Übertrage die Rechtecke ins Heft.
Male den Anteil bunt.

Tipp
① Prüfe, ob das Rechteck in gleich große
Teile eingeteilt ist.
② Male ■ Teile bunt an.

a) $\frac{1}{4}$ b) $\frac{5}{6}$

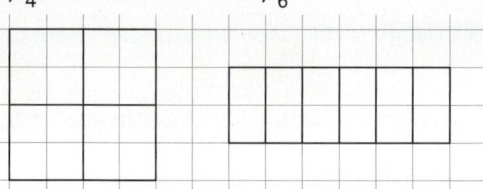

4 Wie heißt der Bruch? Finde die Fehler und verbessere sie.

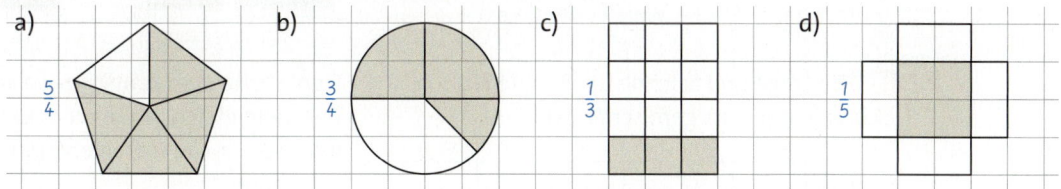

a) $\frac{5}{4}$ b) $\frac{3}{4}$ c) $\frac{1}{3}$ d) $\frac{1}{5}$

5 Übertrage den Streifen dreimal ins Heft.
Male den Anteil bunt.

Tipp Teile den Streifen
für Drittel in drei gleich große Teile,
für Viertel in vier gleich große Teile und
für Zwölftel in zwölf gleich große Teile.

a) $\frac{1}{3}$ b) $\frac{3}{4}$ c) $\frac{7}{12}$

Tipp Überlege, wie du den Streifen einteilst.

6 Welcher Anteil ist orange? Welcher blau?

a)    b)

Tipp Wie viele Dreiecke sind es insgesamt?
Wie viele Dreiecke sind davon blau?
Wie viele Dreiecke sind davon orange?

7 Beschreibe, was hier passiert.
Erkläre die Rechnung mithilfe
der Pizzen:

$\frac{16}{8} = 16 : 8 = 2$

8 Schreibe als Bruch, als Division und
als Ganze.

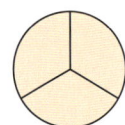 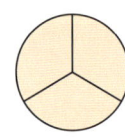

Tipp Stelle dir das mit Pizzen vor:
Wie viele gleich große Stücke Pizza sind das?
Wie viele ganze Pizzen ergeben die Stücke
zusammen?

9 Schreibe als Ganze.

a) $\frac{4}{2}$ b) $\frac{5}{5}$

c) $\frac{6}{3}$ d) $\frac{12}{6}$

Tipp $\frac{4}{2} = 4 : 2 = \blacksquare$

Hinweis
*Ist der Zähler größer oder gleich dem Nenner, heißt der Bruch **unechter Bruch**.*

Info Gemischte Zahlen
Ist der Zähler größer als der Nenner,
kann man den Bruch als
gemischte Zahl schreiben.

ein drei Viertel

$\frac{7}{4}$ = $1\frac{3}{4}$

Man kann auch mit einer Division
umrechnen: $\frac{7}{4} = 1\frac{3}{4}$, weil 7 : 4 = 1 Rest 3

10 Beschreibe, was hier passiert.
Schreibe als Bruch und als gemischte Zahl.

a)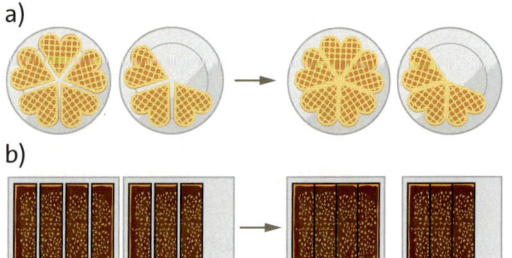

b)

11 Übertrage und zeichne die Brüche ein.
Schreibe dann als gemischte Zahl.

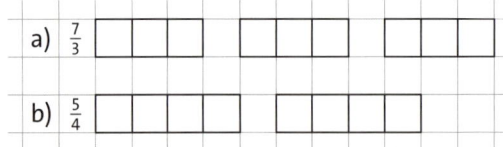

a) $\frac{7}{3}$

b) $\frac{5}{4}$

Überprüfe mit einer Division.

Tipp Stelle dir das mit Pizzen vor:
Wie viele gleich große Stücke Pizza sind das?
Wie viele ganze Pizzen ergeben die Stücke
zusammen?
Wie viele Stücke Pizza bleiben über?

12 Welche gemischte Zahl
gehört zum Bruch?
Beschreibt euer Vorgehen.

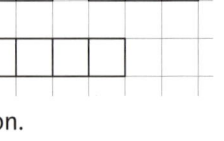

$1\frac{4}{5}$ $\frac{12}{5}$ $\frac{7}{2}$ $\frac{3}{2}$ $\frac{18}{7}$ $\frac{19}{6}$ $3\frac{1}{6}$

$3\frac{1}{2}$ $1\frac{1}{2}$ $3\frac{5}{6}$ $2\frac{4}{7}$ $3\frac{1}{7}$ $2\frac{2}{5}$

ANWENDEN

1 Bei jeweils zwei Kuchen ist noch gleich viel da. Welche sind das?
Schreibe sie mit Brüchen auf: $\frac{1}{2} = \frac{4}{8}$

① 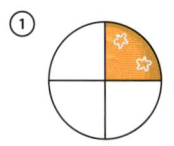 ② 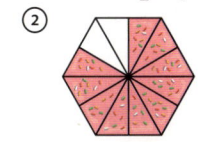 ③ 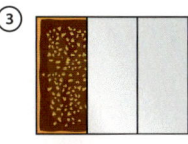 ④ 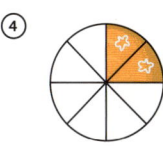 ⑤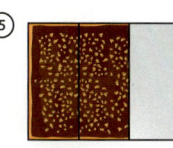

⑥ 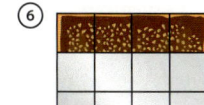 ⑦  ⑧  ⑨ 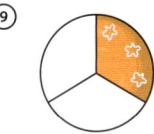 ⑩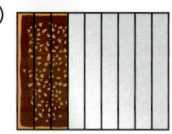

2 Wie wurde der Bruch erweitert?
Tipp Welcher Bruch steht links? Welcher rechts? Mit welcher Zahl wurde multipliziert?

Tipp Erweitern heißt: Zähler und Nenner mit derselben Zahl zu multiplizieren · ■.

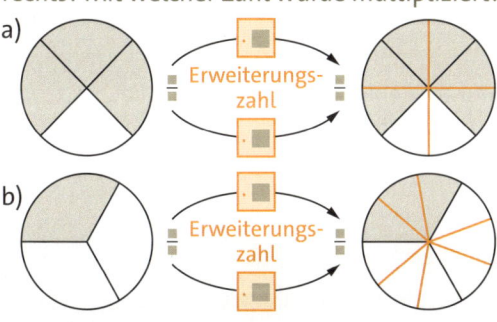

3 Erweitere den Bruch mit 2.
Tipp Schreibe so: $\frac{1}{3} \overset{\cdot 2}{=} \frac{■}{■}$

a) $\frac{1}{3}$ b) $\frac{5}{6}$

c) $\frac{7}{8}$ d) $\frac{4}{5}$

Tipp Multipliziere Zähler und Nenner mit der Erweiterungszahl 2.

4 Wie wurde der Bruch gekürzt?
Tipp Welcher Bruch steht links? Welcher rechts? Durch welche Zahl wurde dividiert?

Tipp Kürzen heißt: Zähler und Nenner durch dieselbe Zahl zu dividieren : ■.

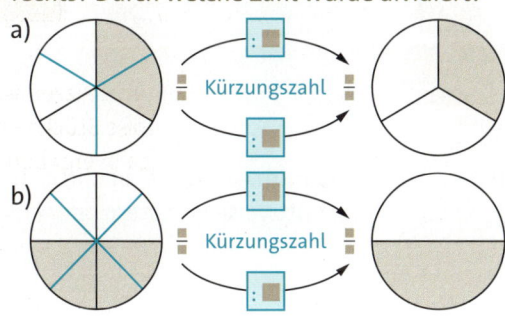

5 Kürze den Bruch mit 2.
Tipp Schreibe so: $\frac{4}{6} \overset{: 2}{=} \frac{■}{■}$

a) $\frac{4}{6}$ b) $\frac{12}{16}$

c) $\frac{6}{10}$ d) $\frac{24}{26}$

Tipp Dividiere den Zähler und den Nenner durch die Kürzungszahl 2.

Nachgedacht
„Soll ich die halbe Pizza in 4 oder in 6 Stücke schneiden?"
„Lieber in 4 Stücke. Mehr schaffe ich nicht."

6 Erweitere mit der angegebenen Zahl.

a) $\frac{4}{5}$ mit 3   b) $\frac{1}{6}$ mit 4

c) $\frac{2}{7}$ mit 5   d) $\frac{3}{8}$ mit 6

Tipp $\frac{4}{5} \overset{\cdot 3}{\underset{\cdot 3}{=}} \frac{\blacksquare}{\blacksquare}$

7 Kürze mit der angegebenen Zahl.

a) $\frac{6}{8}$ mit 2   b) $\frac{6}{9}$ mit 3

c) $\frac{8}{16}$ mit 4   d) $\frac{20}{45}$ mit 5

Tipp $\frac{6}{8} \overset{:2}{\underset{:2}{=}} \frac{\blacksquare}{\blacksquare}$

8 Erweiterungs- und Kürzungszahl gesucht:

a) Mit welcher Zahl wurde erweitert?

① $\frac{1}{2} = \frac{3}{6}$ ② $\frac{3}{6} = \frac{9}{18}$

b) Mit welcher Zahl wurde gekürzt?

① $\frac{12}{18} = \frac{6}{9}$ ② $\frac{24}{30} = \frac{12}{15}$

Tipp

beim Erweitern: $\frac{1}{2} = \frac{3}{6}$ ● ● ●

$1 \cdot \blacksquare = 3$ und
$2 \cdot \blacksquare = 6$

beim Kürzen: $\frac{12}{18} = \frac{6}{9}$ ● ● ●

$12 : \blacksquare = 6$ und
$18 : \blacksquare = 9$

9 👥 Olivia hat beim Erweitern und Kürzen Fehler gemacht.
Beschreibt die Fehler und verbessert sie im Heft.

a) $\frac{3}{8} = \frac{15}{8}$ b) $\frac{18}{24} = \frac{18}{6}$ c) $\frac{2}{9} = \frac{6}{3}$ d) $\frac{4}{7} = \frac{14}{17}$ e) $\frac{3}{4} = \frac{6}{16}$ f) $\frac{2}{5} = \frac{2}{1} = 2$

10 Schrittweise erweitern und kürzen:
Übertrage und ergänze im Heft.

a) Erweitern:

$\frac{2}{3} \overset{\cdot 2}{\underset{\cdot 2}{=}} \frac{\blacksquare}{6} \overset{\cdot 3}{\underset{\cdot 3}{=}} \frac{\blacksquare}{\blacksquare}$

b) Kürzen:

$\frac{12}{36} \overset{:3}{\underset{:3}{=}} \frac{\blacksquare}{\blacksquare} \overset{:2}{\underset{:2}{=}} \frac{\blacksquare}{\blacksquare}$

Tipp
Erweitern:
Multipliziere Zähler und Nenner mit derselben Zahl.

Kürzen:
Dividiere Zähler und Nenner durch dieselbe Zahl.

11 Klaas hat den Bruch vollständig gekürzt.

a) Erkläre.

$\frac{12}{36} = \frac{6}{18} = \frac{1}{3}$

Weiter kann ich den Bruch nicht kürzen.

b) Kürze vollständig.

① $\frac{18}{24}$ ② $\frac{24}{36}$ ③ $\frac{60}{80}$

Tipp Kürze schrittweise, bis es nicht mehr geht.

12 Erweitere oder kürze auf den Nenner.

a) $\frac{2}{5}$ auf Zehntel: $\frac{2}{5} = \frac{\blacksquare}{10}$

b) $\frac{40}{120}$ auf Sechstel: $\frac{40}{120} = \frac{\blacksquare}{6}$

c) $\frac{2}{10}$ und $\frac{3}{4}$ auf Zwanzigstel: $\frac{2}{10} = \frac{\blacksquare}{20}$; $\frac{3}{4} = \frac{\blacksquare}{20}$

Tipp Du kannst bei b) und c) auch schrittweise erweitern oder kürzen.

Hinweis
Man sagt auch:
Die Brüche sind **gleichwertig**.

13 👥 Welche Brüche haben denselben Wert?
Beschreibt euer Vorgehen.

$\boxed{\frac{2}{5}}$ $\boxed{\frac{7}{25}}$ $\boxed{\frac{4}{10}}$ $\boxed{\frac{20}{50}}$ $\boxed{\frac{30}{200}}$ $\boxed{\frac{30}{75}}$

ANWENDEN

1 Welcher Bruch ist größer? Begründe.

a)

b)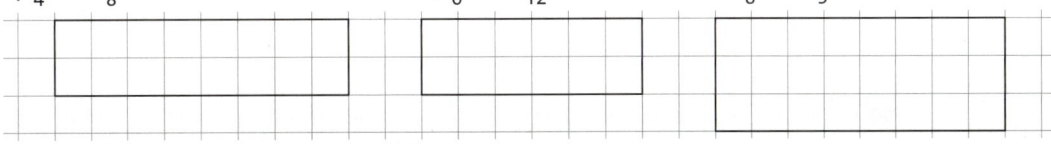

Tipp Die Brüche haben einen gemeinsamen
▨▨. Die Brüche sind also ▨▨.
Dann kann man einfach die ▨▨ vergleichen.
Welcher ▨▨ ist kleiner oder größer?

| Zähler | Nenner | gleichnamig |

Hinweis
Das Krokodil
frisst immer die
größere Zahl.

2 Kleiner als < oder größer als > ?
Setze im Heft das richtige Zeichen ein.

a) $\frac{3}{4}$ ■ $\frac{1}{4}$

b) $\frac{4}{6}$ ■ $\frac{5}{6}$

c) $\frac{8}{12}$ ■ $\frac{5}{12}$

d) $\frac{34}{50}$ ■ $\frac{42}{50}$

Tipp Die Brüche haben einen gemeinsamen
Nenner. Dann ist der Bruch größer, der den
größeren Zähler hat.

3 Übertrage das Rechteck zweimal ins Heft. Male die angegebenen Anteile bunt.
Welcher der beiden Brüche ist größer? Erkläre dein Vorgehen.

a) $\frac{3}{4}$ oder $\frac{7}{8}$　　　　　　　　　b) $\frac{4}{6}$ oder $\frac{7}{12}$　　　　　　　c) $\frac{5}{8}$ oder $\frac{1}{3}$

4 Vergleiche die Brüche. Schreibe < oder >.
Tipp Finde erst einen gemeinsamen Nenner.
Du musst nur einen Bruch erweitern.

a) $\frac{4}{5}$ ■ $\frac{7}{10}$

b) $\frac{11}{16}$ ■ $\frac{3}{4}$

c) $\frac{16}{40}$ ■ $\frac{3}{8}$

d) $\frac{5}{6}$ ■ $\frac{33}{36}$

e) $\frac{9}{11}$ ■ $\frac{21}{33}$

f) $\frac{38}{54}$ ■ $\frac{7}{9}$

Tipp Erweitere immer den kleineren Nenner.

5 Wer hat mehr von seiner Pizza
übrig gelassen?
Begründe deine Antwort mit einer Rechnung.

Ole　　　　　　　Daniela

Tipp Du musst nur einen Bruch erweitern.
Welchen erweiterst du?

6 Übertrage und ergänze die Rechnung
im Heft.
Erkläre die einzelnen Schritte.

① $\frac{2}{6}$ ■ $\frac{4}{9}$　　　gemeinsamer Nenner: 18

② $\frac{6}{18}$ ■ $\frac{8}{18}$

③ $\frac{2}{6}$ < $\frac{4}{9}$ weil 6 < 8

Tipp ① gemeinsamer Nenner von 6 und 9: 18
② auf den Nenner 18 erweitern:
　　Mit welcher Zahl wurde $\frac{2}{6}$ erweitert?
　　Mit welcher Zahl wurde $\frac{4}{9}$ erweitert?
③ Zähler vergleichen

7 Vergleiche die Brüche.
Tipp Erweitere beide Brüche.
Ein gemeinsamer Nenner ist angegeben.

a) $\frac{3}{4}$ ■ $\frac{4}{6}$ gemeinsamer Nenner: 12

b) $\frac{1}{4}$ ■ $\frac{2}{5}$ gemeinsamer Nenner: 20

c) $\frac{2}{3}$ ■ $\frac{4}{8}$ gemeinsamer Nenner: 24

Tipp Erweitere beide Brüche auf den gemeinsamen Nenner:

zu a) $\frac{3}{4}$ auf $\frac{■}{12}$

$\frac{4}{6}$ auf $\frac{■}{12}$

> Mit was muss ich 3 multiplizieren, um 12 zu erhalten?

> Mit was muss ich 4 multiplizieren, um 12 zu erhalten?

8 Vergleiche die Brüche.
Tipp Finde erst einen gemeinsamen Nenner.
Ergänze dazu die Vielfachen der Nenner.

a) $\frac{1}{3}$ ■ $\frac{4}{5}$ $V_3 = \{3; 6; 9; ...\}; V_5 = \{5; 10; 15; ...\}$

b) $\frac{2}{4}$ ■ $\frac{3}{6}$ $V_4 = \{4; ...; V_6 = \{6; ...$

Tipp zu a) Ergänze die 3er-Reihe und die 5er-Reihe.
Welche Zahl haben sie gemeinsam?
Das ist der gemeinsame Nenner.

9 Vergleiche die Brüche.

a) $\frac{2}{3}$ ■ $\frac{3}{4}$ b) $\frac{5}{8}$ ■ $\frac{1}{2}$

c) $\frac{4}{6}$ ■ $\frac{3}{5}$ d) $\frac{1}{4}$ ■ $\frac{3}{10}$

e) $\frac{3}{12}$ ■ $\frac{2}{8}$ f) $\frac{5}{20}$ ■ $\frac{5}{6}$

Tipp Das sind die gemeinsamen Nenner:

20   8   12   60   30   24

Und das sind die Erweiterungszahlen:

6   4   3   2   10   2   5   3   4   5   3

10 👥 Erklärt, was Janine und Thomas meinen. Welchen Tipp könnt ihr Janine geben?

> Ich finde keinen gemeinsamen Nenner. Also multipliziere ich einfach die Nenner und dann über Kreuz.

gemeinsamer Nenner: 12 · 18 = 216
über Kreuz multiplizieren:
5 · 18 = 90
7 · 12 = 84

$\frac{5}{12}$ ✕ $\frac{7}{18}$

$\frac{90}{216} > \frac{84}{216}$

> Ok. Das klappt immer. Aber die Zahlen werden so groß.

Info Der Hauptnenner
Es gibt viele gemeinsame Nenner.
Der kleinste gemeinsame Nenner heißt **Hauptnenner**.

11 👥 Beschreibt, wie man mithilfe der Vielfachen den Hauptnenner findet:

a) Hauptnenner von $\frac{3}{8}$ und $\frac{5}{12}$

b) Hauptnenner von $\frac{5}{6}$ und $\frac{13}{15}$

12 Vergleiche die Brüche.
Tipp Finde zuerst den Hauptnenner.

a) $\frac{2}{6}$ ■ $\frac{1}{4}$ b) $\frac{5}{8}$ ■ $\frac{3}{12}$

c) $\frac{5}{8}$ ■ $\frac{5}{6}$ d) $\frac{3}{9}$ ■ $\frac{4}{6}$

e) $\frac{3}{6}$ ■ $\frac{7}{12}$ f) $\frac{7}{15}$ ■ $\frac{3}{6}$

Tipp Der Hauptnenner ist das kleinste gemeinsame Vielfache der beiden Nenner.

13 Ordne die Brüche der Größe nach.
Tipp Erweitere erst alle Brüche auf einen gemeinsamen Nenner.

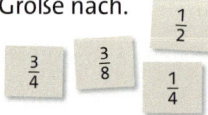

Tipp Erweitere alle Nenner auf den größten Nenner.

1 Ergänze die Beschriftung.
Der Zahlenstrahl ist in Fünftel eingeteilt:

Tipp Der Nenner gibt an, in wie viele gleich große Teile man den Zahlenstrahl zwischen 0 und 1 einteilt. Der Zähler gibt an, wo der Bruch eingetragen wird.

2 Für welche Zahlen stehen die Buchstaben?
Zwei Brüche bleiben übrig.

Tipp Der Zahlenstrahl ist in Siebtel eingeteilt.

3 Auf welche Brüche zeigen die Pfeile?

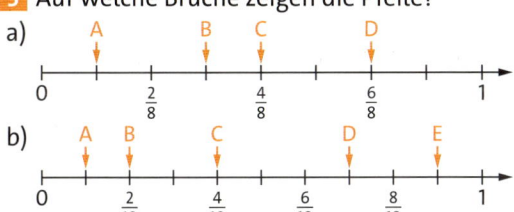

Tipp Welche Brüche sind das?

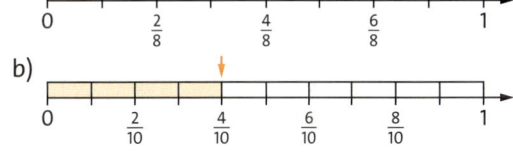

4 Übertrage den Zahlenstrahl ins Heft.
Trage die Brüche ein.

a) $\frac{3}{4}$; $\frac{1}{4}$; $\frac{2}{4}$

b) $\frac{1}{6}$; $\frac{3}{6}$; $\frac{4}{6}$; $\frac{5}{6}$

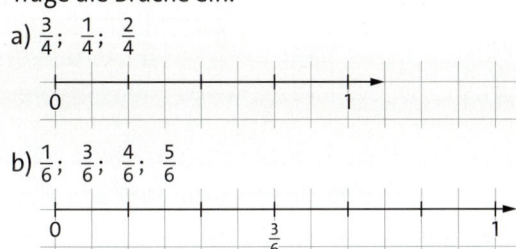

Tipp Achte auf die Kästchen.

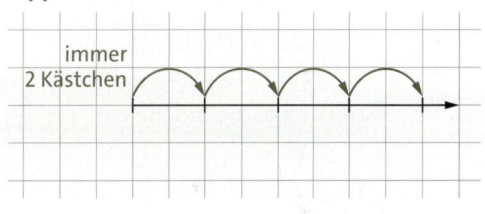

immer
2 Kästchen

5 Christian hat noch einige Fehler gemacht. Beschreibe die Fehler.
Zeichne den Zahlenstrahl richtig ins Heft.

Ich teile den Zahlenstrahl in Zwölftel ein. Also zeichne ich 12 kleine Striche.

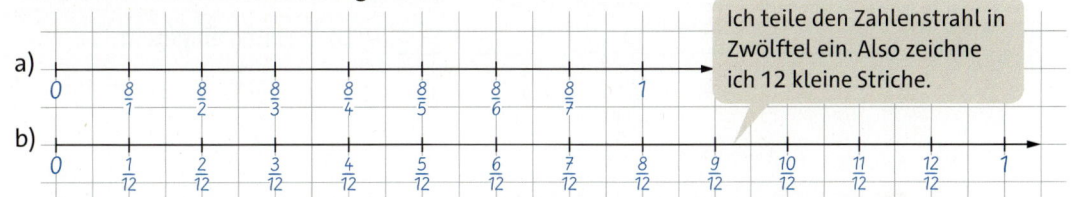

6 Zeichne einen Zahlenstrahl ins Heft.
Er soll 5 cm lang sein.
① Teile den Zahlenstrahl in Fünftel einein:
also in 5 gleich große Teile. Beschrifte ihn
am Anfang mit 0 und am Ende mit 1.
② Trage die Brüche ein: $\frac{1}{5}$; $\frac{3}{5}$; $\frac{4}{5}$

Tipp Zeichne ein Fünftel am besten zwei Kästchen lang.

Nachgedacht
Till sagt:
„$\frac{1}{4}$ *und* $\frac{1}{2}$ *sind*
gleichwertig."

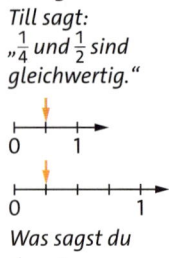

Was sagst du
dazu?

7 Welche Brüche sind gleichwertig?
Tipp Schreibe so: $\frac{1}{2} = \frac{2}{4} = \frac{4}{8}$

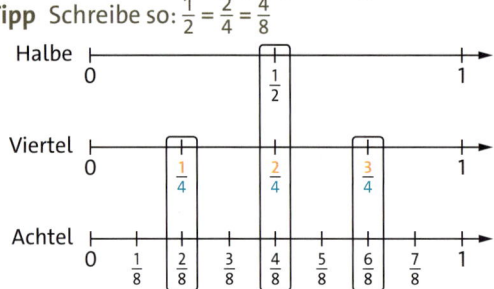

Tipp Gleichwertige Brüche stehen
an derselben Stelle.

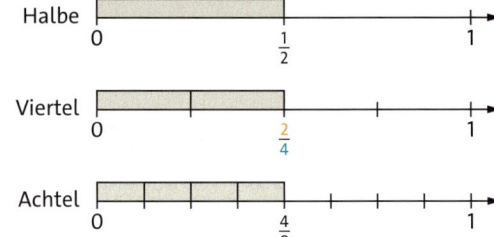

8 Übertrage den Zahlenstrahl ins Heft.

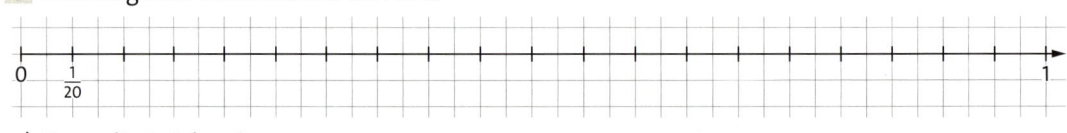

a) Trage die Brüche ein:
b) Welche Brüche
   sind gleichwertig?

$\frac{4}{20}$ $\frac{8}{20}$ $\frac{12}{20}$ $\frac{13}{20}$ $\frac{15}{20}$ $\frac{2}{10}$ $\frac{6}{10}$ $\frac{8}{10}$ $\frac{1}{5}$ $\frac{2}{5}$ $\frac{5}{5}$

c) 👥 Findet noch weitere Brüche, die gleichwertig sind.

9 Zeichne einen Zahlenstrahl ins Heft.
Er soll 12 cm lang sein.
Zeichne für $\frac{1}{12}$ jeweils zwei Kästchen.
① Beschrifte den Zahlenstrahl:
   am Anfang mit 0 und am Ende mit 1.
② Trage die Brüche ein: $\frac{1}{12}$; $\frac{6}{12}$; $\frac{8}{12}$; $\frac{3}{6}$; $\frac{1}{3}$

Tipp

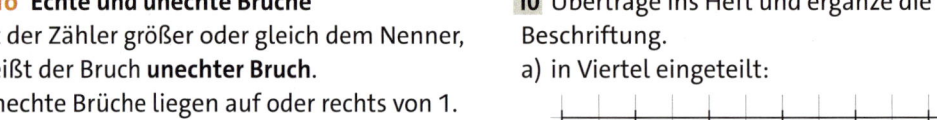

immer
2 Kästchen
für $\frac{1}{12}$

Info Echte und unechte Brüche
Ist der Zähler größer oder gleich dem Nenner,
heißt der Bruch **unechter Bruch**.
Unechte Brüche liegen auf oder rechts von 1.
Die Brüche links von 1 heißen **echte Brüche**.

echte Brüche   unechte Brüche

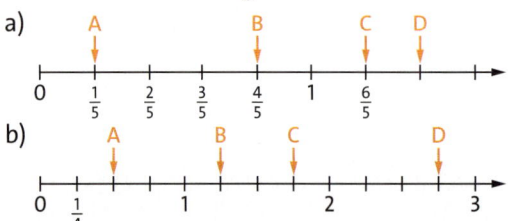

10 Übertrage ins Heft und ergänze die
Beschriftung.
a) in Viertel eingeteilt:

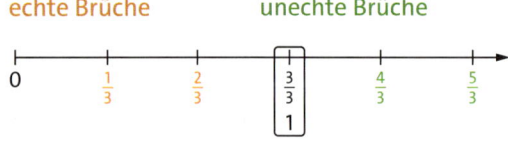

b) in Halbe eingeteilt:

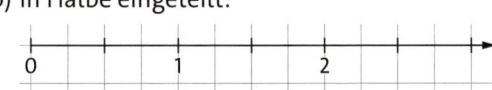

11 Wie ist der Zahlenstrahl eingeteilt?
Auf welche Brüche zeigen die Pfeile?
a)

Tipp Die Einteilung kannst du am ersten
Bruch des Zahlenstrahl ablesen.

b)

Kreise und Winkel

In diesem Kapitel lernst du, …

→ Kreise zu zeichnen und zu beschriften.
→ die Begriffe Winkel, Schenkel, Scheitel und Winkelbogen zu verwenden.
→ die verschiedenen Winkelarten zu unterscheiden und Winkelgrößen zu schätzen.
→ Winkel zu messen.
→ Winkel zu zeichnen und zu beschriften.

Bei einem Riesenrad haben die gegenüberliegenden Gondeln immer den gleichen Abstand voneinander. Wie hoch ist so ein Riesenrad wohl ungefähr?
Wie viele Gondeln sind ungefähr an diesem Riesenrad befestigt?
Wie sieht ein Riesenrad mit mehr Gondeln aus? Wie sieht ein Riesenrad mit weniger Gondeln aus?

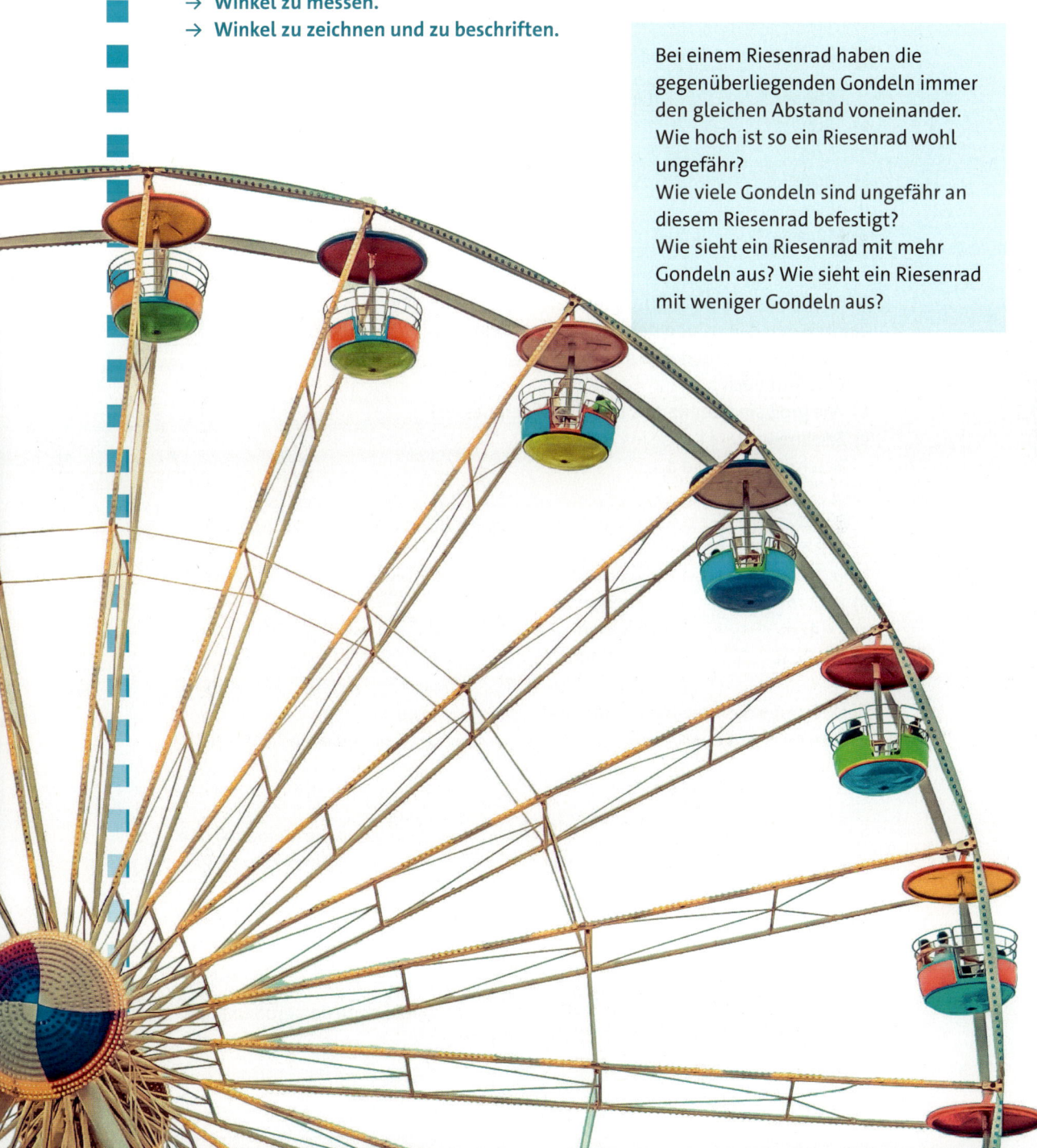

ANWENDEN

1 Miss den Radius und den Durchmesser.

a)   b)

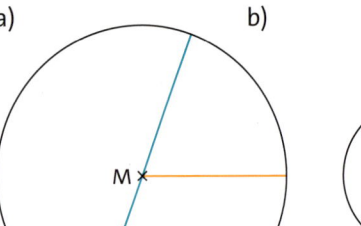

Tipp Radius messen:

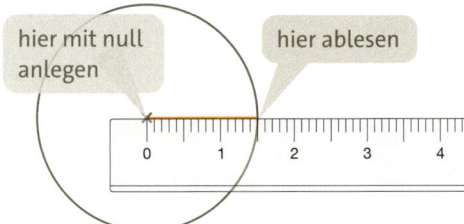

hier mit null anlegen

hier ablesen

Wo legst du das Lineal beim Durchmesser an?

2 Berechne den Radius oder Durchmesser.

	Radius r	Durchmesser d
a)	2 cm	
b)	3 cm	
c)	6 cm	
d)	8 cm	
e)	10 cm	

Tipp

Radius r	Durchmesser d
1 cm	2 cm
2 cm	

· 2

3 Zeichne einen Mittelpunkt ins Heft und ergänze den Kreis.
Zeichne den Radius und den Durchmesser ein.
a) 👥 Vergleiche mit deinem Partner.
   Was fällt euch auf?
b) Wie groß sind der Radius und der Durchmesser?
c) Zeichne weitere Kreise ins Heft.
   Beschrifte M, r und d.

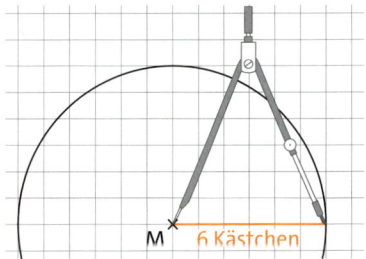

M✕ 6 Kästchen

4 Zeichne die Kreise ins Heft.
Tipp Bei e) und f) erst r berechnen.
a) r = 2 cm   b) r = 3 cm
c) r = 4 cm   d) r = 6 cm
e) d = 6 cm   f) d = 10 cm

Tipp zu d) und e)

Radius r	Durchmesser d
■ cm	8 cm

: 2

5 Übertrage das Kreismuster ins Heft.
Erkläre dein Vorgehen.

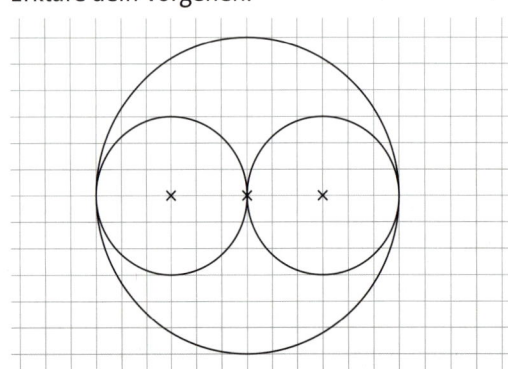

Tipp
① Zeichne die Mittelpunkte.

② Zeichne die kleinen Kreise.

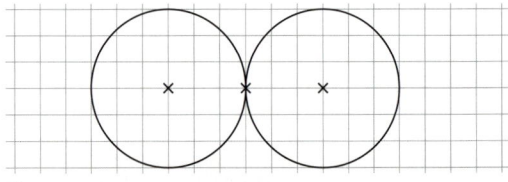

③ Zeichne den großen Kreis.

ANWENDEN

1 Wo sind Scheitelpunkt und Schenkel?

① ② ③ ④ ⑤

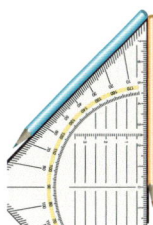

2 Am Geodreieck findest du Winkel.
Lege sie mit Stiften nach.
a) Zeige die Schenkel.
b) Zeige den Scheitelpunkt.

Tipp
Schaue dir die Ecken des Geodreiecks an.
Findest du noch mehr Winkel?

3 Schreibe jeweils eine Zeile mit den griechischen Buchstaben
α, β, γ, δ und ε ins Heft.

4 Falte verschiedene Winkel.
a) Zeichne die Schenkel rot.
b) Beschrifte den Scheitelpunkt mit einem S
und die Winkel mit griechischen
Buchstaben.

Tipp

Tipp

5 Übertrage die Winkel ins Heft.

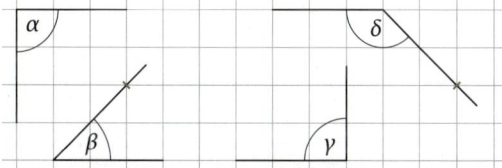

a) Welche Winkel sind gleich groß?
b) Welcher Winkel ist der kleinste?
c) Welcher Winkel ist der größte?

Tipp Zähle die Kästchen.

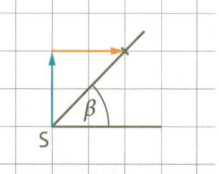

① Starte beim Scheitelpunkt S.
② Gehe 2 Kästchen nach oben.
③ Gehe 2 Kästchen nach rechts.

6 Übertrage die Figur ins Heft.
Welche Winkel in der Figur sind gleich groß?
Beschrifte sie mit derselben Farbe.

Tipp
Zähle die Kästchen.

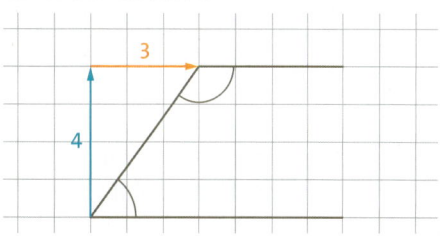

ANWENDEN

1 Welcher Winkel ist ein spitzer, ein rechter oder ein stumpfer Winkel?
Überprüfe mit einem Geodreieck.
Tipp α ist ein ▬ Winkel,
weil er ▬ die Ecke vom Geodreieck ist.

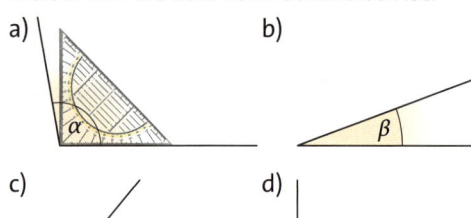

a)

b)

c)

d)

Tipp

| stumpfer | rechter | spitzer |

| größer als | genauso groß wie | kleiner als |

Der Winkel ist ein ▬ Winkel, weil er ▬ die Ecke vom Geodreieck ist.

2 👥 Zeige deinem Partner verschiedene spitze, rechte oder stumpfe Winkel.
Du kannst dafür zum Beispiel deine Arme, zwei Stifte oder die Winkelscheibe nutzen.
Dein Partner muss angeben, um welche Winkelart es sich handelt.
Dann wechselt ihr euch ab.

3 Gib die Winkelart an.
Begründe deine Entscheidung.

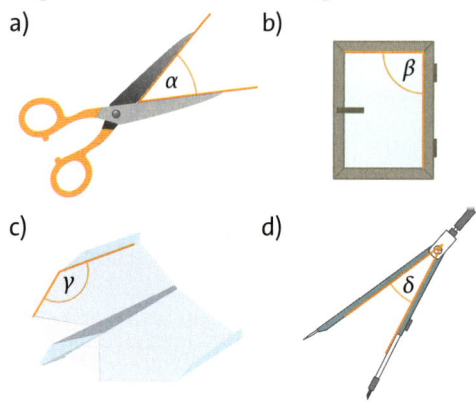

a)

b)

c)

d)

Tipp

Der Winkel α ist ein ▬,
weil er ▬ 90° ist.

4 Welche Winkelart ist das?
Begründe.
Tipp 95° ist größer als 90°, aber kleiner als 180°. Also ist es ein stumpfer Winkel.
a) α = 90°   b) β = 135°
c) γ = 12°   d) δ = 170°

Tipp

| ist genau … |

| ist größer als … |

| aber kleiner als … |

5 Falte ein DIN-A4-Blatt mehrmals. Zeichne die Winkelbögen ein.
Welche Winkelarten erkennst du?
Kennzeichne die Winkel farbig:
– spitze Winkel gelb
– stumpfe Winkel rot
– rechte Winkel blau

Tipp

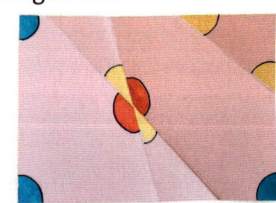

6 Zeichne diese Winkel ins Heft.
a) spitzer Winkel
b) rechter Winkel
c) stumpfer Winkel
👥 Vergleicht eure Winkel.
Habt ihr dieselben Winkel gezeichnet?

Tipp zu a)
Ein spitzer Winkel ist größer als ▬▬,
aber kleiner als ▬▬.

7 Ordne die Gradzahlen nach ihrer Größe:

| 145° | 40° | 315° | 90° |

Welche Gradzahl passt zu den Winkeln?

Tipp Beginne mit der kleinsten Gradzahl:
40° < ■ < ■ < ■

a)
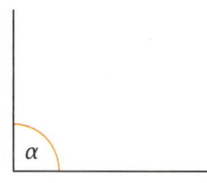

b)
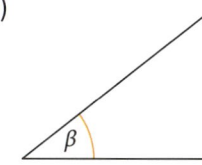

c)
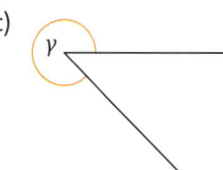

d)
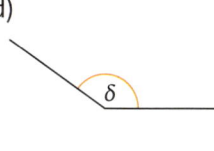

Strategie Winkelgrößen schätzen
① Bestimme zuerst die Winkelart.
  Dadurch weißt du, in welchem Bereich
  der Winkel liegt:
  zwischen 0° und 90°,
  oder
  zwischen 90° und 180°,
  oder
  zwischen 180° und 360°.
② Schätze dann genauer.

8 Erkläre, was Tina meint.

Das ist ein stumpfer Winkel.
α liegt also zwischen 90° und 180°.
Er liegt nahe an 90°.
Also ist α ungefähr 100° groß.

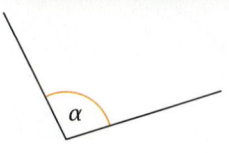

9 Schätze die Winkelgröße.
Begründe deine Schätzung.

a)
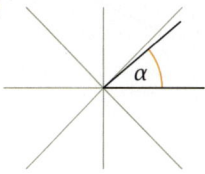

b)
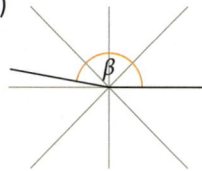

c)
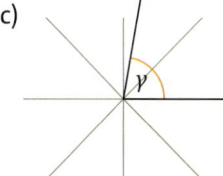

d)
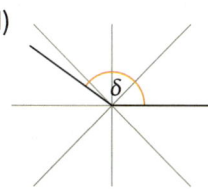

Tipp
① Das ist ein ▬▬ Winkel.
  Er liegt also zwischen ■° und ■°.
② Der Winkel liegt ziemlich nah an ■°.
  Er ist ungefähr ■° groß.

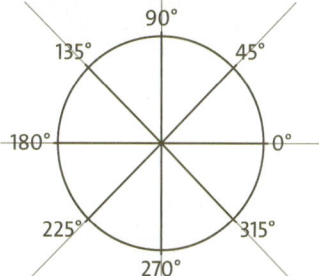

ANWENDEN   **1** Was wurde hier falsch gemacht? Beschreibe die Fehler.

a)

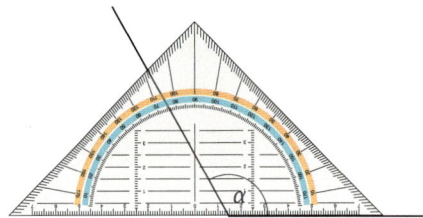

b)

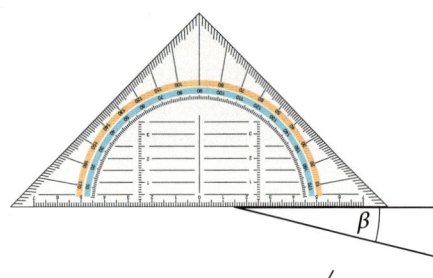

c)

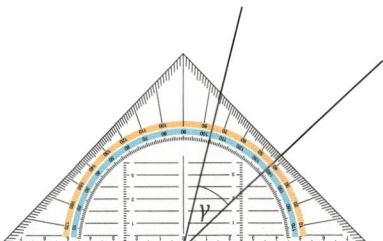

d)

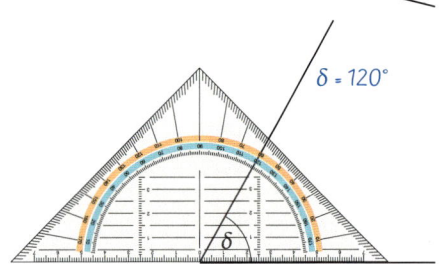

2 Lies die Winkelgröße ab.

Tipp Welche Skala beginnt am Schenkel?

a)

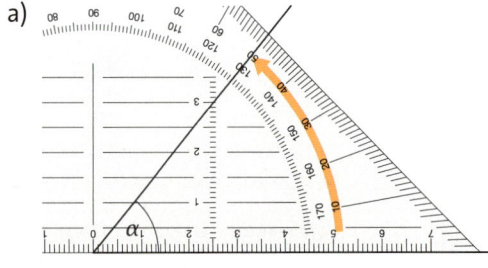

b)

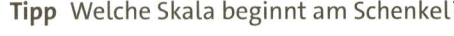
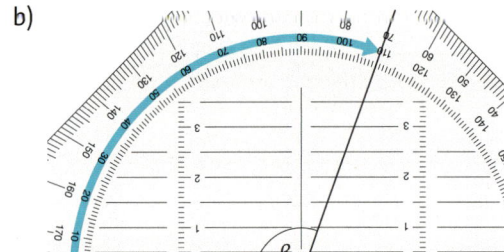

3 Miss die Winkelgröße.

4 Miss die Winkelgröße mit dem Geodreieck.
Tipp lange Kante am orangen Schenkel

Tipp Du musst
das Geodreieck drehen.

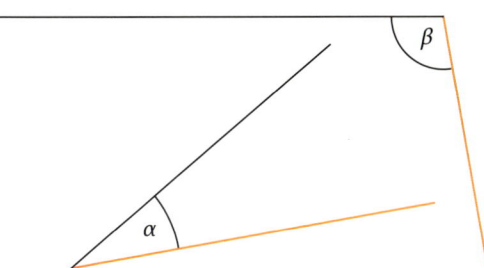

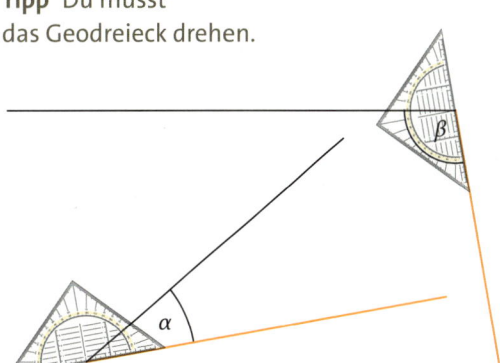

Hinweis
*Manchmal sind
die Schenkel zum
Messen zu kurz.
Dann verlängere
die Schenkel.*

5 Übertrage die Winkel ins Heft.
Wie groß sind die Winkel?

a)

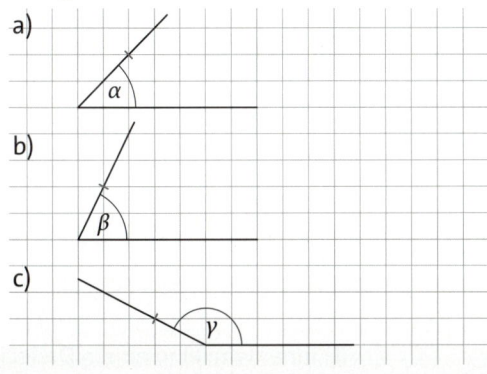

b)

c)

Tipp zu a)
① Zeichne zuerst
einen Schenkel.

② Achte auf die
Markierung.

③ Zeichne den
anderen Schenkel.

④ Verlängere die Schenkel und miss den
Winkel.

Methode Überstumpfe Winkel bestimmen
Sind Winkel größer als 180°,
kann man sie nicht
mit dem Geodreieck
messen.
Dann misst man den
kleinen Winkel und
rechnet:
360° – kleiner Winkel
360° – 30° = 330°

6 Bestimme die Winkelgröße.

a)

b)

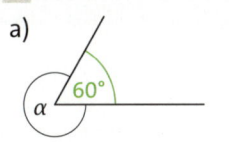

c)

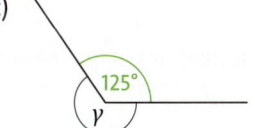

d)

7 Bestimme die Winkelgröße.

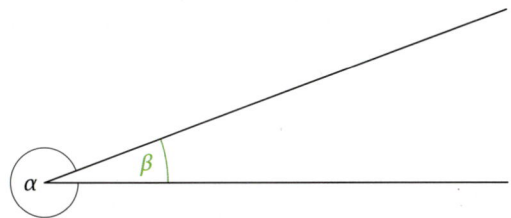

Tipp
① Miss zuerst den kleinen Winkel.
② Berechne dann den großen Winkel:
360° – kleiner Winkel

✚ Methode Winkel berechnen

Nicht immer müssen alle Winkel gemessen werden. Manche Winkel kann man auch berechnen. Durch eine Rechnung kann man auch prüfen, ob man richtig gemessen hat.

1 Prüfe mit einer Rechnung.
Tipp Alle Winkel sind zusammen 90° groß.

a)
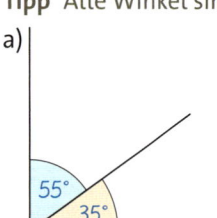

b)
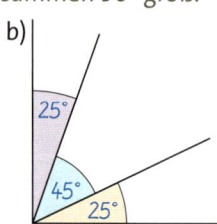

Tipp Addiere alle Winkel und prüfe, ob sie 90° ergeben.
a) 35° + 55° = ■°

2 Berechne die Winkelgröße.

a)
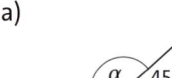

b)
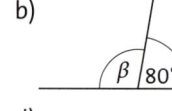

c)
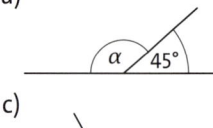

d)
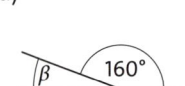

Tipp
Ein gestreckter Winkel ist 180° groß.

Info Innenwinkel in einem Dreieck
Alle Winkel in einem Dreieck sind zusammen immer 180° groß:

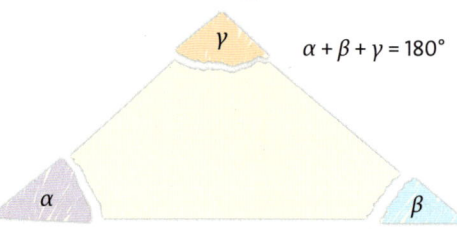

$\alpha + \beta + \gamma = 180°$

Für die **Innenwinkel in einem Viereck** gilt:
$\alpha + \beta + \gamma + \delta = 360°$

3 Innenwinkel in einem Dreieck
① Zeichne ein Dreieck und schneide es aus.
② Beschrifte die Winkel und reiße die Ecken ab.
③ Lege die Ecken zusammen. Es entsteht ein neuer Winkel.
Wie groß ist der neue Winkel?
👥 Vergleicht eure Ergebnisse.

4 Innenwinkel in einem Viereck
Zeichne ein Viereck.
👥 Wiederholt die Schritte aus Aufgabe 3.

5 Berechne den fehlenden Winkel.
Tipp Dreieck α = 180° − ■° − ■°
Viereck β = 360° − ■° − ■° − ■°

Nachgedacht
Klaus sagt:
„Mein Dreieck hat die Winkel 45°, 31° und 94°."
Was sagst du dazu?

a)
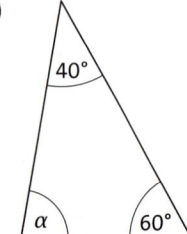

b)
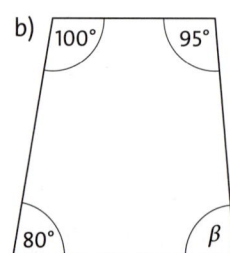

Tipp
a) Subtrahiere die zwei Winkel von 180°.
   180° − ■° − ■° = ■°
b) Subtrahiere die drei Winkel von 360°.
   360° − ■° − ■° − ■° = ■°

ANWENDEN

1 Zeichne die Winkel ins Heft.

a) ① 60°   ② 45°   ③ 85°

   Tipp

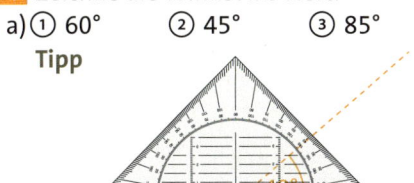

b) ① 140°   ② 135°   ③ 105°

   Tipp

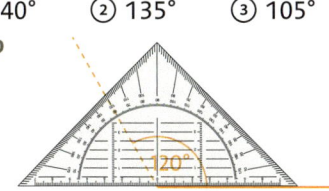

Tipp

① Zeichne den Scheitelpunkt S und den ersten Schenkel.

② Lege das Geodreieck mit dem Nullpunkt an den Scheitelpunkt und die Kante an den Schenkel.

③ Wähle die Skala, die beim Schenkel beginnt. Markiere die Winkelgröße.

④ Zeichne den zweiten Schenkel und beschrifte den Winkel.

2 Zeichne die Winkel ins Heft.
Tipp Wähle die richtige Skala.

a)

b)

c)

d)

Tipp

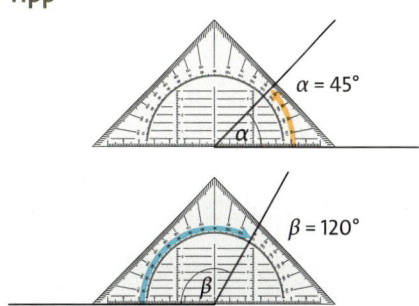

Nachgedacht
Ali sagt: „Ich habe einen Winkel von 175° gezeichnet."

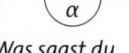

Was sagst du dazu?
Begründe deine Antwort.

3 Zeichne die Winkel ins Heft.
Gib auch die Winkelart an.

a) α = 50°
b) β = 70°
c) γ = 155°
d) δ = 180°

Tipp Winkelarten:

stumpfer Winkel   rechter Winkel

überstumpfer Winkel   gestreckter Winkel

Vollwinkel

4 Zeichne zwei Winkel mit demselben Scheitelpunkt S.
Winkel alpha ist 60° und Winkel beta ist 30°.
Wie groß sind beide Winkel zusammen?

Tipp Winkel mit demselben Scheitelpunkt S

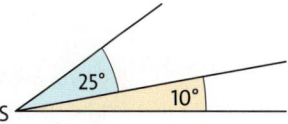

5 Zeichne den Drachen ins Heft.

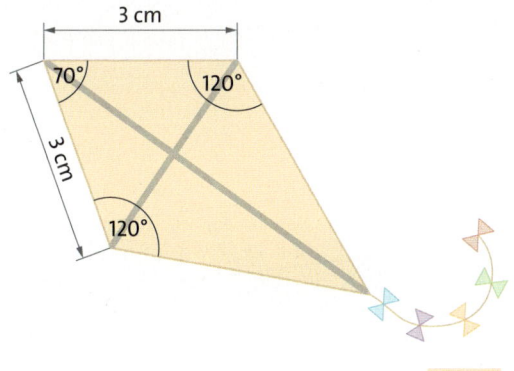

Tipp

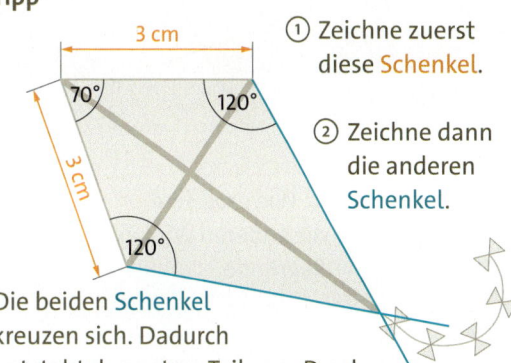

① Zeichne zuerst diese Schenkel.

② Zeichne dann die anderen Schenkel.

Die beiden Schenkel kreuzen sich. Dadurch entsteht der untere Teil vom Drachen.

Methode **Winkel an Geradenkreuzungen**

Wenn sich zwei Geraden kreuzen, sagt man: Die Geraden schneiden sich.
Dadurch entstehen vier Winkel.

Vokabeln
→ *Scheitelwinkel*
→ *Stufenwinkel*
→ *Nebenwinkel*

Gegenüberliegende Winkel heißen
Scheitelwinkel.
Sie sind immer gleich groß.

Beispiel 1
$\alpha = \beta$

Werden zwei parallele Geraden geschnitten,
entstehen **Stufenwinkel**.
Sie sind immer gleich groß.

Beispiel 2
$\alpha = \gamma$

Nebeneinanderliegende Winkel
heißen **Nebenwinkel**.
Die Winkel sind zusammen immer 180° groß.

Beispiel 3
$\alpha + \delta = 180°$

ANWENDEN

1 Wie groß ist der Winkel beta? Begründe.
Tipp Der Winkel β ist ■°groß, weil α und β
Scheitelwinkel sind.

Tipp Was gilt immer für **Scheitelwinkel**?
Sie sind immer ■ groß.

a)

45° β

b)

β 80°

Nachgedacht
Wechselwinkel
sind auch gleich.

α
β

Begründe.

2 Wie groß ist der Winkel γ? Begründe.

a)

40°

γ

b)

γ

120°

Tipp Die beiden Winkel sind ■.
Deswegen ist γ ■° groß.

3 Wie groß ist der Winkel δ? Begründe.
Tipp a) $100° + ■° = 180°$

a)

100°
δ

b)

155°
δ

Tipp Die beiden Winkel sind ■.
Deswegen ist δ ■° groß.

4 Wie groß sind
die anderen Winkel?
Begründe.

140°
65°
α_1
α_2
β_1
β_2
β_3
γ_1 γ_2
40°

Mit Brüchen rechnen

In diesem Kapitel lernst du, …

→ Brüche mit einem gemeinsamen Nenner zu addieren und zu subtrahieren.
→ Brüche mit unterschiedlichem Nenner zu addieren und zu subtrahieren.
→ Anteile von Größen zu berechnen.
→ einen Bruch mit einer natürlichen Zahl zu multiplizieren.

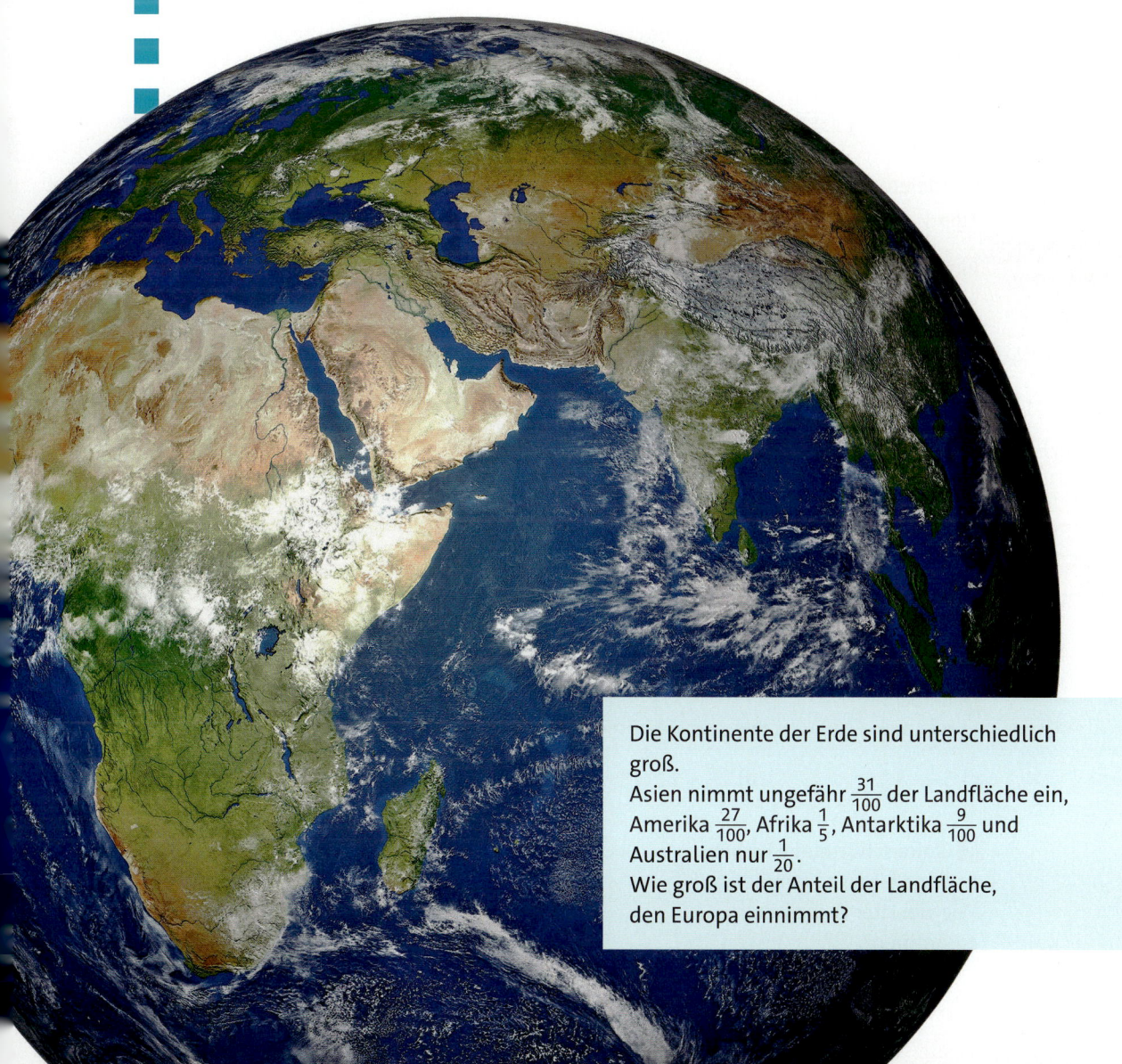

Die Kontinente der Erde sind unterschiedlich groß.
Asien nimmt ungefähr $\frac{31}{100}$ der Landfläche ein, Amerika $\frac{27}{100}$, Afrika $\frac{1}{5}$, Antarktika $\frac{9}{100}$ und Australien nur $\frac{1}{20}$.
Wie groß ist der Anteil der Landfläche, den Europa einnimmt?

ANWENDEN

1 Schreibe die Rechnung ins Heft.

a) ▭ + ▭ = ▭

b) ▭ − ▭ = ▭

Tipp

Bei a) $\frac{■}{■} + \frac{■}{■} = ■ + \frac{■}{■} = \frac{■}{■}$

bei b) $\frac{■}{■} - \frac{■}{■} = ■ - \frac{■}{■} = \frac{■}{■}$

2 Berechne.
Tipp Zeichne zuerst die Brüche in Rechtecke.

a) $\frac{2}{6} + \frac{3}{6}$ b) $\frac{3}{8} + \frac{4}{8}$

c) $\frac{3}{4} - \frac{2}{4}$ d) $\frac{4}{5} - \frac{1}{5}$

Tipp Die Brüche haben denselben Nenner. Deswegen brauchst du nur die Zähler zu addieren oder zu subtrahieren und den Nenner abzuschreiben.

3 Addiere und schreibe als Ganzes.
Tipp $\frac{4}{4} = 1$

a) $\frac{3}{4} + \frac{1}{4}$

b) $\frac{3}{5} + \frac{2}{5}$

Tipp Bei einem Ganzen sind Zähler und Nenner gleich.

4 Übertrage und ergänze zu einem Ganzen.

$\frac{2}{6}$ + $\frac{■}{■}$ = $\frac{■}{■}$ = 1

Tipp Wie viel fehlt noch bei $\frac{2}{6}$ zu einem Ganzen?

5 Addiere und schreibe als gemischte Zahl.
Tipp

a) $\frac{3}{5} + \frac{4}{5}$ b) $\frac{2}{5} + \frac{7}{5}$

c) $\frac{5}{7} + \frac{3}{7}$ d) $\frac{7}{9} + \frac{4}{9}$

Tipp $\frac{3}{4} + \frac{3}{4} = \frac{6}{4} = 1\frac{2}{4}$

Die 4 passt 1-mal in die 6. Es bleibt 2 als Rest.

Hinweis
Gemischte Zahlen bestehen aus *Ganzen* und *echten Brüchen:*

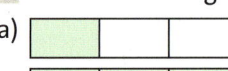

$1\frac{2}{3}$

Methode Mit gemischten Zahlen rechnen
Gemischte Zahlen addieren:
Addiere erst die Ganzen, dann die Brüche:
$3\frac{1}{5} + 1\frac{2}{5} = 3 + 1 + \frac{1+2}{5} = 4\frac{3}{5}$
Gemischte Zahlen subtrahieren:
Rechne zuerst die gemischten Zahlen in unechte Brüche um:
$4\frac{1}{3} - 3\frac{2}{3} = \frac{13}{3} - \frac{11}{3} = \frac{13-11}{3} = \frac{2}{3}$

6 Schreibe die Aufgabe ins Heft und löse sie.

a)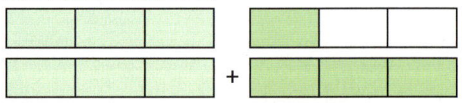

b)

7 Berechne.

a) $2\frac{1}{4} + 1\frac{1}{4}$ b) $4\frac{2}{6} + 5\frac{3}{6}$

c) $3\frac{1}{3} - 1\frac{2}{3}$ d) $2\frac{1}{4} - 1\frac{3}{4}$

Tipp Bei c) und d) erst in unechte Brüche umrechnen:
$1\frac{2}{3} = \frac{5}{3}$

8 Claire schüttet die Farben in einen Eimer zusammen. Wie viel Liter Farbe ist das zusammen?

$3\frac{1}{4}\,\ell$ $1\frac{3}{4}\,\ell$

Tipp Addition oder Subtraktion?

ANWENDEN

1 Schreibe die Rechnung auf und erkläre sie.

a) $\frac{2}{3}$ + $\frac{1}{9}$ =

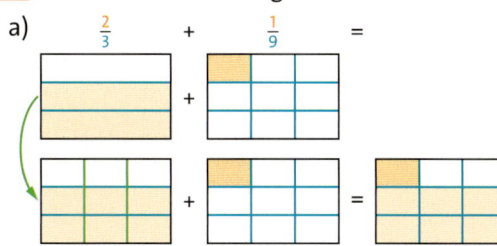

b) $\frac{2}{3}$ – $\frac{1}{6}$ =

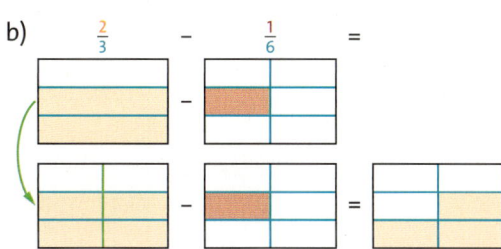

Tipp Die Brüche haben unterschiedliche Nenner. Die Brüche sind also ▬▬.
Deswegen müssen die Brüche vor dem Addieren oder Subtrahieren zuerst ▬▬ werden:
① Was ist der gemeinsame Nenner?
② Wie wird auf diesen gemeinsamen Nenner erweitert?
③ Was macht man mit den Zählern und dem gemeinsamen Nenner?

2 Übertrage ins Heft.
Löse die Aufgabe mit einer Zeichnung.
Tipp Erweitere den Bruch mit dem Pfeil.

a) $\frac{1}{4}$ + $\frac{1}{8}$

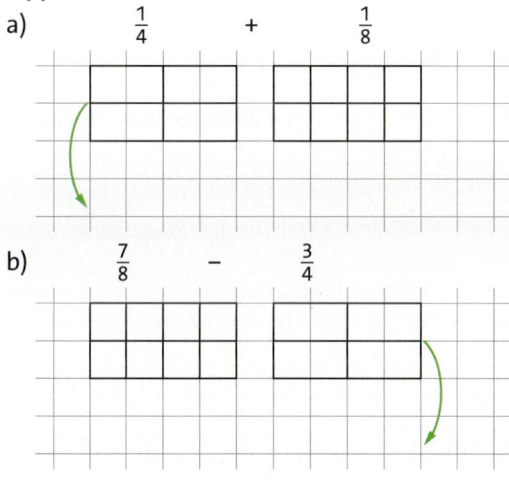

b) $\frac{7}{8}$ – $\frac{3}{4}$

Tipp Mit welcher Zahl muss man Zähler und Nenner multiplizieren, um auf den gemeinsamen Nenner Achtel zu erweitern?

3 Berechne.

Tipp Du musst nur einen Bruch erweitern.

a) $\frac{1}{2} + \frac{1}{4}$ b) $\frac{1}{5} + \frac{7}{10}$ c) $\frac{2}{3} + \frac{1}{12}$

d) $\frac{3}{4} - \frac{1}{2}$ e) $\frac{7}{10} - \frac{2}{5}$ f) $\frac{3}{5} - \frac{2}{15}$

Lösungen: $\frac{3}{10}$; $\frac{7}{15}$; $\frac{3}{4}$; $\frac{9}{10}$; $\frac{3}{4}$; $\frac{1}{4}$

Tipp Wenn du nur einen Bruch erweitern musst, dann erweitere immer den Bruch mit dem kleineren Nenner:

$$\frac{3}{5} + \frac{1}{10} = \frac{3 \cdot 2}{5 \cdot 2} + \frac{1}{10}$$
$$= \frac{6}{10} + \frac{1}{10} = 6 + \frac{1}{10} = \frac{7}{10}$$

4 Schreibe die Aufgabe ins Heft und löse sie. Erkläre.

a) $\frac{1}{3}$ + $\frac{1}{2}$ =

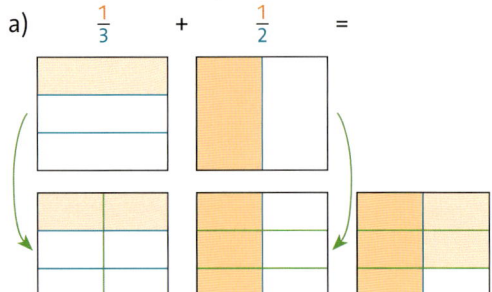

b) $\frac{3}{4}$ – $\frac{1}{3}$ =

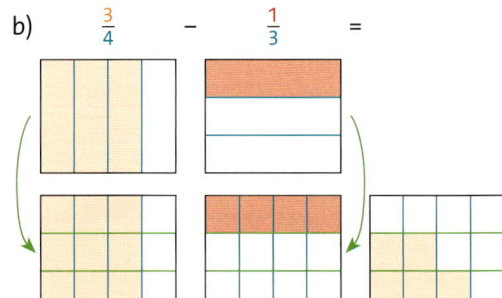

5 Übertrage und ergänze im Heft.
Wie wird hier erweitert?

a) $\frac{1}{5} + \frac{1}{2} = \frac{1 \cdot \blacksquare}{5 \cdot \blacksquare} + \frac{1 \cdot \blacksquare}{2 \cdot \blacksquare}$

$= \frac{\blacksquare}{10} + \frac{\blacksquare}{10} = \frac{\blacksquare + \blacksquare}{10} = \frac{\blacksquare}{10}$

b) $\frac{2}{3} - \frac{1}{4} = \frac{2 \cdot \blacksquare}{3 \cdot \blacksquare} - \frac{1 \cdot \blacksquare}{4 \cdot \blacksquare}$

$= \frac{\blacksquare}{12} - \frac{\blacksquare}{12} = \frac{\blacksquare - \blacksquare}{\blacksquare} = \frac{\blacksquare}{\blacksquare}$

Tipp
① Was ist der gemeinsame Nenner?
② Mit welcher Zahl muss man Zähler und Nenner multiplizieren, um auf den gemeinsamen Nenner zu erweitern?

6 Bereche.

Tipp Finde zuerst mit den Vielfachen der Nenner einen gemeinsamen Nenner.

a) $\frac{1}{6} + \frac{1}{8}$ $V_6 = \{6; 12; ...\}$; $V_8 = \{8; 16; ...\}$

b) $\frac{1}{6} - \frac{1}{20}$ $V_6 = \{6; 12; ...\}$; $V_{20} = \{20; 40; ...\}$

Tipp zu a)
$V_6 = \{6; 12; 18; 24; ...\}$
$V_8 = \{8; 16; 24; 32; ...\}$
Ein gemeinsamer Nenner ist 24.

7 Berechne.

Tipp Du musst beide Brüche erweitern.

a) $\frac{1}{2} + \frac{1}{5}$ b) $\frac{1}{2} + \frac{1}{7}$ c) $\frac{1}{4} + \frac{2}{3}$

d) $\frac{2}{3} - \frac{1}{2}$ e) $\frac{2}{3} - \frac{1}{5}$ f) $\frac{3}{4} - \frac{1}{3}$

Lösungen: $\frac{5}{12}$; $\frac{11}{12}$; $\frac{7}{10}$; $\frac{7}{15}$; $\frac{9}{14}$; $\frac{1}{6}$

Tipp Das sind die gemeinsamen Nenner:

12-tel   10-tel   15-tel   12-tel   14-tel   6-tel

8 👥 Hier haben sich Fehler versteckt. Erklärt die Fehler und berichtigt sie im Heft.

a) $\frac{3}{7} - \frac{1}{4} = \frac{2}{3}$

b) $\frac{3}{4} + \frac{1}{2} = \frac{3}{4} + \frac{2}{4} = \frac{5}{8}$

c) $\frac{4}{5} - \frac{1}{3} = \frac{12}{20} - \frac{5}{20} = \frac{6}{20} = \frac{3}{10}$

d) $\frac{5}{9} - \frac{1}{3} = \frac{5}{9} - \frac{1}{9} = \frac{4}{9}$

e) $\frac{3}{8} + \frac{1}{5} = \frac{3}{8} + \frac{3}{15} = \frac{3}{23}$

f) $\frac{4}{7} + \frac{3}{5} = \frac{20}{35} - \frac{12}{35} = \frac{5}{35}$

9 Erklärt, wie Tanja und Serkan einen gemeinsamen Nenner finden.
Ergänzt Tanjas und Serkans Rechnung im Heft.
Nennt Vorteile und Nachteile der beiden Methoden. Welche Methode findest du besser?

Hinweis
Der kleinste gemeinsame Nenner heißt **Hauptnenner**.

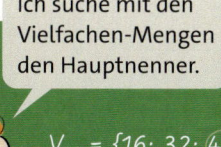
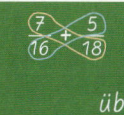

Ich suche mit den Vielfachen-Mengen den Hauptnenner.

Ich multipliziere einfach über Kreuz.

$\frac{7}{16} + \frac{5}{12}$

gemeinsamer Nenner?

$V_{16} = \{16; 32; \textcircled{48}; 64; …\}$
$V_{12} = \{12; 24; 36; \textcircled{48}; …\}$

$\frac{\blacksquare + \blacksquare}{48}$

$\frac{7}{16} \times \frac{5}{18}$ gemeinsamer Nenner: $16 \cdot 18 = 288$

über Kreuz multiplizieren:
$7 \cdot 18 = 126$
$5 \cdot 16 = 80$

$\frac{126 + 80}{288}$

10 Berechne.

a) $\frac{1}{6} + \frac{1}{4}$ b) $\frac{1}{4} + \frac{3}{10}$

c) $\frac{5}{12} + \frac{3}{8}$ d) $\frac{3}{20} + \frac{5}{6}$

e) $\frac{1}{4} - \frac{1}{6}$ f) $\frac{9}{10} - \frac{1}{4}$

Das sind die gemeinsamen Nenner:
12; 20; 20; 24; 24; 60

Tipp Suche einen gemeinsamen Nenner wie Tanja oder Serkan in Aufgabe 9.

11 Der Schulgarten wird umgebaut.
$\frac{1}{3}$ des Gartens wird ein Beet.
$\frac{1}{5}$ wird ein Sitzplatz.

a) Welchen Anteil des Gartens nehmen das Beet und der Sitzplatz zusammen ein?

b) Der restliche Anteil soll Spielplatz werden. Welcher Anteil wird Spielplatz?

Tipp $\frac{1}{3}$ Beet $\frac{1}{5}$ Sitzplatz

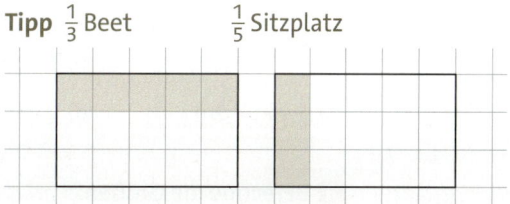

12 Wie viel Orangensaft ist das zusammen?

$\frac{1}{3}\,\ell$

$\frac{1}{2}\,\ell$

Tipp Schreibe ins Heft.
gegeben: …
gesucht: …
Rechnung: …
Antwortsatz: …
Vergiss die Einheit Liter nicht.

Methode Mit gemischten Zahlen rechnen
Gemischte Zahlen addieren:
Addiere erst die Ganzen, dann die Brüche:
$2\frac{1}{4} + 5\frac{2}{3} = 2 + 5 + \frac{1}{4} + \frac{2}{3}$
$= 7 + \frac{3+8}{12} = 7\frac{11}{12}$

Gemischte Zahlen subtrahieren:
Rechne zuerst die gemischten Zahlen in unechte Brüche um:
$4\frac{1}{3} - 1\frac{2}{5} = \frac{13}{3} - \frac{7}{5}$
$= \frac{65 - 21}{15} = \frac{44}{15}$

13 Addiere die gemischten Zahlen.

a) $1\frac{1}{5} + 3\frac{3}{10}$ b) $4\frac{4}{9} + 2\frac{1}{3}$

c) $8\frac{3}{4} + 13\frac{2}{6}$ d) $17\frac{3}{8} + 5\frac{1}{6}$

e) $12\frac{3}{4} + 6\frac{2}{3}$ f) $27\frac{3}{5} + 14\frac{4}{9}$

14 Subtrahiere die gemischten Zahlen.

a) $3\frac{1}{3} - 1\frac{1}{6}$ b) $2\frac{1}{4} - 1\frac{3}{12}$

c) $2\frac{3}{4} - 1\frac{7}{10}$ d) $5\frac{1}{2} - 1\frac{2}{9}$

e) $3\frac{3}{8} - 1\frac{5}{12}$ f) $3\frac{4}{5} - 2\frac{2}{3}$

ANWENDEN

1 Wie viel sind $\frac{2}{3}$ von 30 cm?
Beschreibe dein Vorgehen.

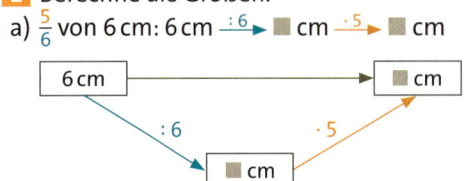

Tipp
① Erst ■ ich die Größe
durch den ■: 30 cm —:3→ ■
② Dann ■ ich
das Ergebnis mit dem ■: ■ —·2→ ?

Nachgedacht
Kann man auch erst multiplizieren und dann dividieren?

2 Berechne die Größen.

a) $\frac{5}{6}$ von 6 cm: 6 cm —:6→ ■ cm —·5→ ■ cm

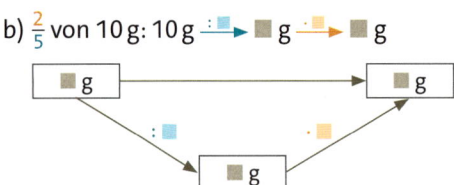

Tipp Prüfe dein Ergebnis bei a)
mit einer Zeichnung:
Teile einen 6 cm langen Streifen
in 6 gleich große Teile.
Male fünf Teile bunt und miss die Länge.

b) $\frac{2}{5}$ von 10 g: 10 g —:■→ ■ g —·→ ■ g

3 Berechne die Größen.

a) $\frac{3}{4}$ von 4 cm   b) $\frac{1}{2}$ von 4 g

c) $\frac{2}{3}$ von 9 dm   d) $\frac{3}{5}$ von 10 h

Tipp
① Dividiere die Größe durch den Nenner.
② Multipliziere das Ergebnis mit dem Zähler.

4 Berechne die Größen.
Tipp Rechne erst in eine kleinere Einheit um.

a) $\frac{1}{2}$ cm = ■ mm   b) $\frac{2}{5}$ kg = ■ g

c) $\frac{3}{4}$ m = ■ dm   d) $\frac{7}{10}$ € = ■ ct

Tipp $\frac{1}{2}$ cm bedeutet: $\frac{1}{2}$ von 1 cm
$\frac{2}{5}$ kg bedeutet: $\frac{2}{5}$ von 1000 g

5 Berechne die Größen.
Tipp Rechne auch hier erst in eine kleinere
Einheit um. Sonst kannst du nicht dividieren.

a) $\frac{3}{10}$ von 2 m   b) $\frac{4}{5}$ von 3 €

c) $\frac{1}{2}$ von 3 cm   d) $\frac{5}{6}$ von 3 kg

Tipp 2 m —:10→ ■

2 m : 10 kann ich nicht dividieren.
Aber 20 dm : 10 geht.

Rechne in diese Einheiten um:

| dm | mm | g | ct |

6 Berechne die Größen.

a)   b)   c)

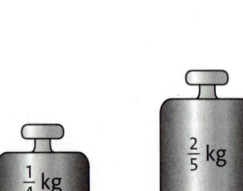

Tipp zu c)

ANWENDEN

1 Schreibe die Multiplikation und das Ergebnis ins Heft.

a)

b)

Tipp

Wie oft ist der Bruch abgebildet? ■ mal

Welcher Bruch ist abgebildet?

Rechne **Zähler** mal **natürliche Zahl**. Der **Nenner** wird nicht verändert.

2 Multipliziere.
Tipp zu d) bis f): Es ist egal, ob die natürliche Zahl vor oder hinter dem Bruch steht.

a) $2 \cdot \frac{4}{9}$ b) $5 \cdot \frac{2}{11}$ c) $3 \cdot \frac{2}{7}$

d) $\frac{3}{10} \cdot 3$ e) $\frac{1}{6} \cdot 5$ f) $\frac{2}{7} \cdot 2$

Tipp Schreibe die **natürliche Zahl** mit dem **Zähler** auf einen Bruchstrich.

zu a) $\blacksquare \cdot \frac{4}{9} = \frac{\blacksquare \cdot 4}{9}$

zu d) $\frac{1}{8} \cdot \blacksquare = \frac{1 \cdot \blacksquare}{8}$

3 Multipliziere.
Tipp Kürze, bevor du multiplizierst.

a) $2 \cdot \frac{3}{8}$ b) $6 \cdot \frac{2}{3}$ c) $8 \cdot \frac{7}{12}$

d) $\frac{2}{15} \cdot 5$ e) $\frac{7}{9} \cdot 3$ f) $\frac{1}{12} \cdot 6$

Tipp Die Kürzungszahlen sind:

| 2 | 3 | 4 | 5 | 3 | 6 |

4 Multipliziere.
Schreibe das Ergebnis als gemischte Zahl.

Tipp $2 \cdot \frac{4}{5} = \frac{2 \cdot 4}{5} = \frac{8}{5} = 1\frac{3}{5}$

a) $5 \cdot \frac{2}{9}$ b) $3 \cdot \frac{2}{5}$ c) $\frac{5}{7} \cdot 4$

Tipp $\frac{8}{5} = 1\frac{3}{5}$

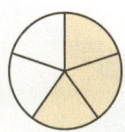

5 Jana isst $\frac{1}{3}$ Pizza.
Ihr Vater schafft 2 mal so viel.
Wie viel Pizza schafft Janas Vater?
Schreibe einen Antwortsatz.

Tipp gegeben:
gesucht:
Rechnung:
Antwortsatz:

Hinweis

$1\frac{2}{3} = \frac{5}{3}$

Methode **Mit gemischten Zahlen multiplizieren**
Rechne zuerst die **gemischte Zahl** in einen unechten Bruch um.

$4 \cdot 1\frac{2}{3} = 4 \cdot \frac{5}{3} = \frac{4 \cdot 5}{3} = \frac{20}{3}$

6 Multipliziere.

a) $2 \cdot 1\frac{1}{5}$ b) $3 \cdot 1\frac{3}{7}$

c) $10 \cdot 2\frac{8}{9}$ d) $2 \cdot 3\frac{3}{4}$

e) $4\frac{1}{6} \cdot 5$ f) $3\frac{7}{9} \cdot 3$

7 Übertrage und ergänze im Heft.
Tipp Schreibe die Multiplikation mit ■ auf einen Bruchstrich.

a) $\blacksquare \cdot \frac{3}{7} = \frac{6}{7}$ b) $\blacksquare \cdot \frac{1}{5} = \frac{4}{5}$

Tipp $\frac{\blacksquare \cdot 3}{7} = \frac{6}{7}$

Körper

In diesem Kapitel lernst du, …

→ Quader und Würfel zu beschreiben.
→ Quader und Würfel zu zeichnen.
→ den Oberflächeninhalt von Quader und Würfel zu berechnen.
→ die Größe von Körpern zu vergleichen.
→ Volumeneinheiten umzurechnen.
→ das Volumen von Quader und Würfel zu berechnen.

Der Zauberwürfel soll so gedreht werden,
dass jede Seitenfläche die gleiche Farbe hat.
Wie viele unterschiedliche Farben gibt es?
Wie viele Seiten hat der Zauberwürfel?
Wie viele der kleinen Bausteine haben eine, zwei oder
drei bunte Flächen? Wie viele sind es insgesamt?

ANWENDEN

1 Welche der Verpackungen sind Quader, welche sind Würfel? Begründe.

2 Welche Körper sind Quader, welche Würfel? Begründe.

Tipp Gleiche Flächen haben jeweils die gleiche Farbe.

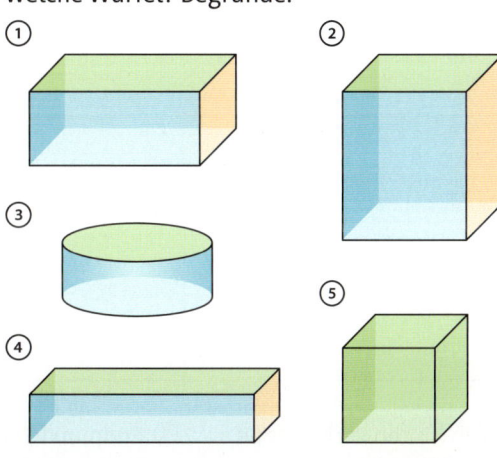

3 Beschreibe die Lage der Fläche.

Tipp oben vorne rechts

a) Wo liegt die blaue Fläche?
b) Wo liegt die orange Fläche?
c) Wo liegt die grüne Fläche?

Tipp

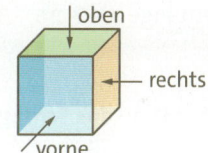

4 Welche Aussage ist richtig, welche falsch?

a) ① Ein Würfel hat 6 gleich große Flächen.
    ② Ein Würfel hat 8 gleich große Flächen.
b) ① Beim Quader sind alle Flächen gleich groß.
    ② Beim Quader sind gegenüberliegende Flächen gleich groß.
c) ① Ein Würfel ist ein besonderer Quader.
    ② Ein Quader ist ein besonderer Würfel.

Tipp Prüfe die Eigenschaften des Quaders und Würfels.

5 Wie viele Würfel muss man ergänzen, um daraus einen großen Würfel zu bauen?

a)    b)

Tipp Das sind die großen Würfel:

a)    b)

Methode Schrägbilder zeichnen

Damit man sich einen Körper besser vorstellen kann,
zeichnet man oft ein **Schrägbild** des Körpers.

Am Schrägbild kann man gut sehen, wie lang, breit und hoch ein Körper ist.

So zeichnest du das **Schrägbild eines Würfels** mit der Kantenlänge a = 3 cm.

Nutze für den 45°-Winkel
das Kästchenpapier.

halbe Kantenlänge:
3 cm : 2 = 1,5 cm

Diese Kanten kann
man nicht sehen.

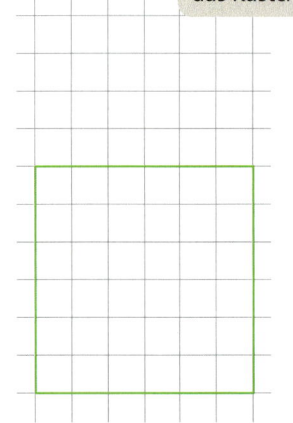

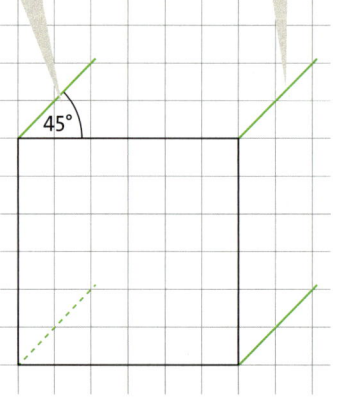

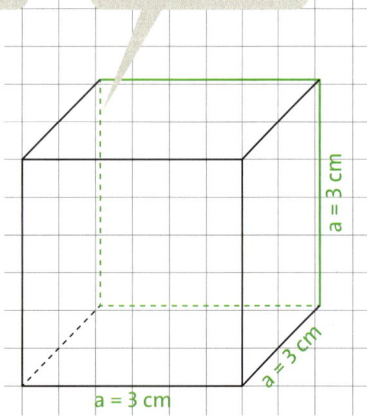

① Vorderfläche zeichnen:
   Quadrat mit der
   Seitenlänge a = 3 cm

② nach hinten verlaufende
   Kanten zeichnen:
   im 45°-Winkel und mit
   halber Kantenlänge

③ Endpunkte verbinden:
   Nicht sichtbare Kanten
   zeichnet man gestrichelt.
   Würfel beschriften

So zeichnest du **das Schrägbild eines Quaders** mit der Länge a = 2 cm, der Breite b = 4 cm
und der Höhe c = 3 cm.

halbe Kantenlänge:
4 cm : 2 = 2 cm

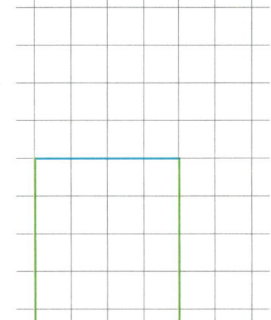

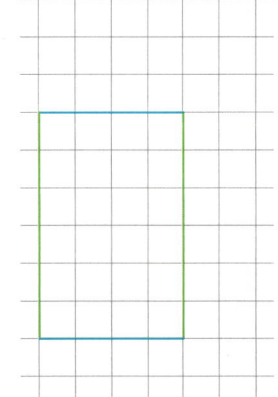

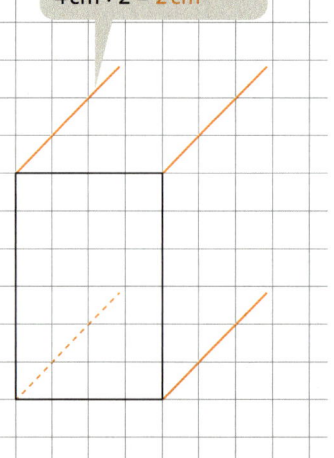

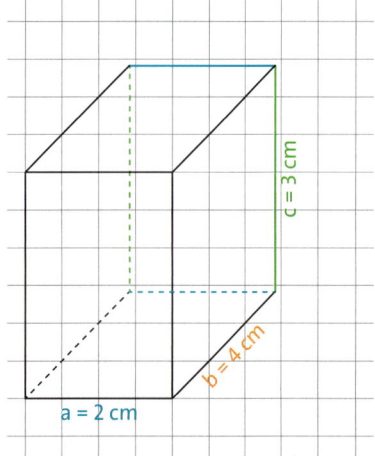

die Länge:
2 cm lang
die Breite:
4 cm breit
die Höhe:
3 cm hoch

① Vorderfläche zeichnen:
   Rechteck mit
   der Länge a = 2 cm und
   der Höhe c = 3 cm

② nach hinten verlaufende
   Kanten zeichnen:
   im 45°-Winkel und mit
   halber Kantenlänge

③ Endpunkte verbinden:
   Nicht sichtbare Kanten
   zeichnet man gestrichelt.
   Quader beschriften

ANWENDEN

1 Prüfe die Schrägbilder. Beschreibe, welche Fehler gemacht wurden.

a) Schrägbild eines Würfels

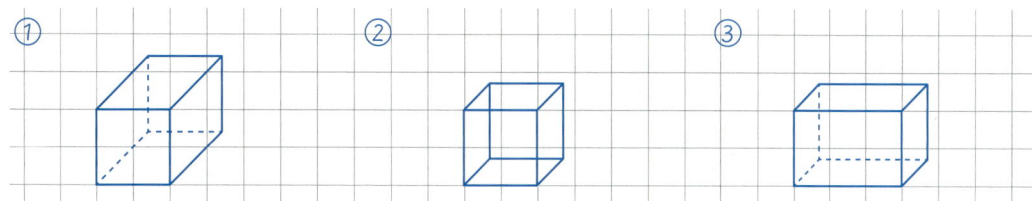

b) Schrägbild eines Quaders

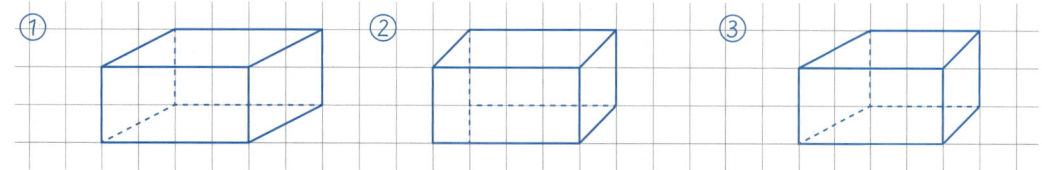

2 Übertrage ins Heft. Ergänze zum Quader.

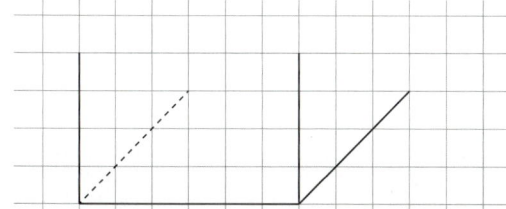

Tipp So sieht das Schrägbild eines Quaders aus:

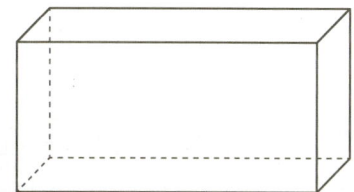

3 Zeichne das Schrägbild der Würfel.
Tipp Zeichne nach hinten verlaufende Kanten mit halber Kantenlänge: zu a) 4 cm : 2 = 2 cm
a) a = 4 cm   b) a = 8 cm

Tipp ① Vorderfläche zeichnen
② nach hinten verlaufende Kanten zeichnen
③ Endpunkte verbinden und Würfel beschriften

4 Zeichne das Schrägbild der Quader.
Tipp Zeichne nach hinten verlaufende Kanten mit halbe Kantenlänge.
a) a = 6 cm; b = 4 cm; c = 3 cm
b) a = 4 cm; b = 6 cm; c = 2 cm
c) Länge: 2 cm; Breite: 4 cm; Höhe: 5 cm

Tipp

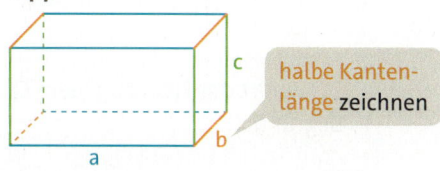

halbe Kanten-
länge zeichnen

5 Zeichne das Schrägbild eines Würfels mit a = 3 cm ins Heft.
Zeichne den Weg der Raupe ein.
Die Raupe kriecht
– von A nach hinten
– dann nach oben,
– nach vorne und
– nach rechts.
a) Wo kommt sie an?
b) Zeichne einen kürzeren Weg zum gleichen Ziel ein.

Tipp Folge mit dem Finger dem Weg.

ANWENDEN

Hinweis
Du kannst die
Netze immer
überprüfen:
Zeichne sie ab,
schneide sie aus
und falte sie.

1 Übertrage das Würfelnetz.
Male gegenüberliegende Flächen mit der
gleichen Farbe an.

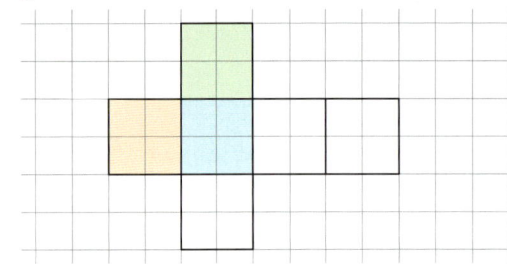

Tipp Falte das Würfelnetz vor dem Färben
zusammen.
Nun kannst du einfacher erkennen, welche
Flächen sich gegenüberliegen.

2 Gehört das Netz zu einem Würfel? Begründe.
Welche Flächen liegen sich bei den Würfelnetzen gegenüber?

a)
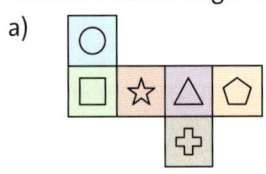

b)
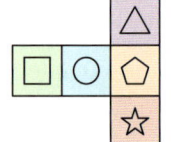

c)
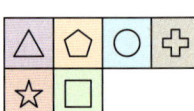

d)
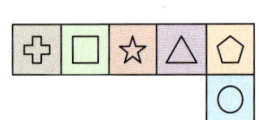

e)
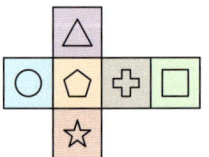

f)
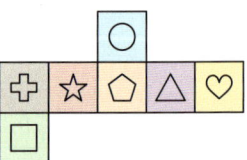

3 Ergänze im Heft zu einem Würfelnetz.
Tipp Wie viele Quadrate fehlen noch?

a)
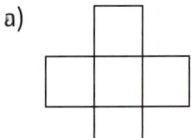

h)
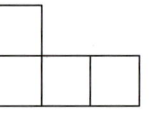

Tipp Das Netz eines Würfels besteht aus
sechs Quadraten.

4 Gehört das Netz zu einem Quader?
Begründe.

①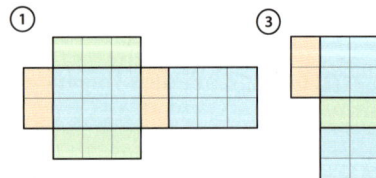

③

②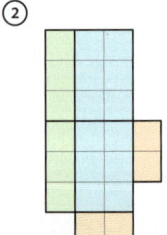

Tipp Zeichne das Netz ins Heft.
Schneide es aus und falte es zusammen.
Entsteht dabei ein Quader?

5 Ergänze im Heft zu einem Quadernetz.

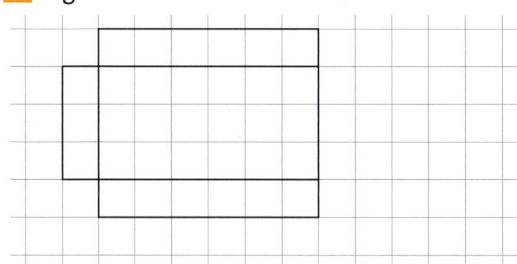

Tipp Welche Fläche kommt schon doppelt vor? Welche Flächen fehlen noch?

6 Zeichne das Netz ins Heft.
a) Würfel: a = 3 cm
b) Quader: a = 4 cm; b = 3 cm; c = 1 cm
👥 Vergleiche mit deinem Partner.

Tipp Quadernetz je zwei Rechtecke:

Hinweis
Beim Spielwürfel ergibt die Augensumme der gegenüber liegenden Seiten immer 7.

7 Übertrage die Netze ins Heft und ergänze die Augenzahlen.

a) b)

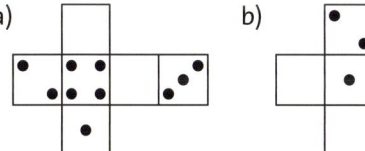

Tipp Gegenüberliegende Flächen ergeben zusammen immer 7.

8 Der Spielwürfel wird gerollt: zuerst 2-mal nach hinten, dann 1-mal nach links. Wo liegt jetzt die ⊡ ?

Tipp Probiere es aus.

9 Ordne die Quader den passenden Netzen zu. Ein Quader bleibt übrig. Zeichne zu dem Quader ein passendes Netz.

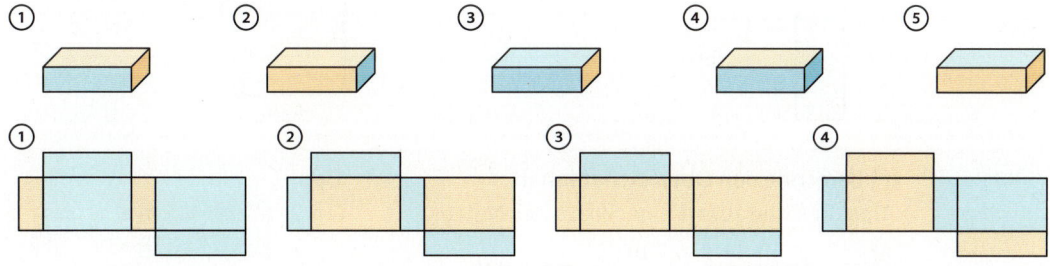

10 Der abgebildete Würfel hat rundherum einen farbigen Streifen. Zeichne das Würfelnetz ins Heft. Zeichne den Streifen in deinem Netz ein.

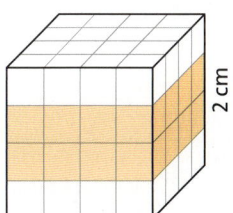

Tipp Zeichne das Netz auf ein Blatt Papier und falte es zu einem Würfel zusammen. Überlege dann, wo der Streifen verläuft.

ANWENDEN

1 Berechne den Oberflächeninhalt.

a) Quader

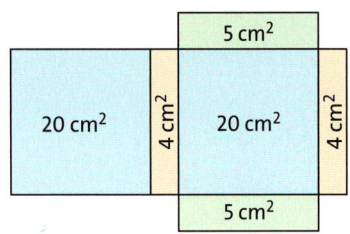

b) Würfel

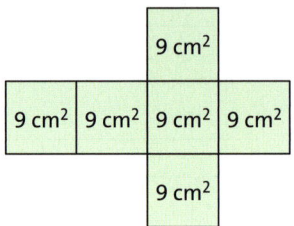

2 Berechne den Oberflächeninhalt des Quaders.

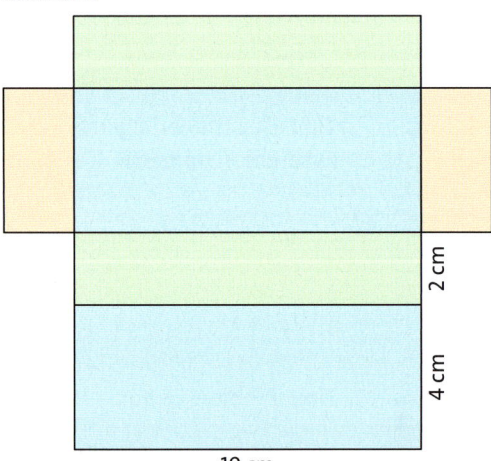

Tipp Das Netz besteht aus 6 Rechtecken:
2-mal das grüne Rechteck

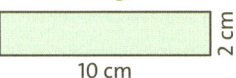

2-mal das blaue Rechteck

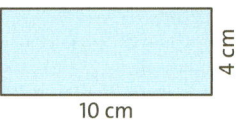

2-mal das orangene Rechteck

3 Berechne den Oberflächeninhalt des Würfels.

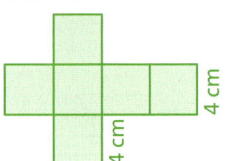

Tipp Das Netz besteht aus 6 gleich großen Quadraten:

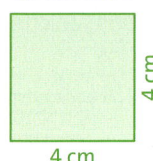

4 Berechne den Oberflächeninhalt.
Tipp Zeichne zuerst eine Skizze des Netzes.

a)

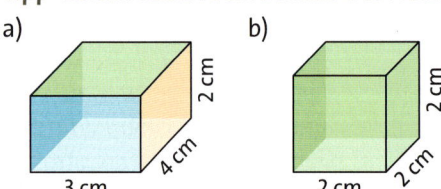

b)

c)

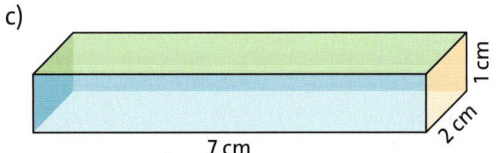

Tipp
O = 2 · ▮ cm · ▮ cm +
    2 · ▮ cm · ▮ cm +
    2 · ▮ cm · ▮ cm

5 Berechne den Oberflächeninhalt des Würfels.
a) a = 1 cm
b) a = 10 cm
c) a = 100 cm

Tipp Setze die Kantenlängen in die Formel ein: O = 6 · a · a

6 Berechne den Oberflächeninhalt des Quaders.

Tipp Setze die Kantenlängen in die Formel ein: O = 2 · a · b + 2 · a · c + 2 · b · c

	Länge a	Breite b	Höhe c
a)	a = 1 cm	b = 3 cm	c = 4 cm
b)	a = 2 cm	b = 5 cm	c = 4 cm
c)	a = 2 cm	b = 3 cm	c = 7 cm

7 Lisa beklebt Schachteln mit Geschenkpapier.
Wie viel cm² Papier braucht sie dafür?
a) würfelförmige Schachtel mit a = 4 cm
b) quaderförmige Schachtel
mit a = 10 cm, b = 10 cm , c = 3 cm

Tipp gegeben:
gesucht:
Formel:
Rechnung:
Antwortsatz:

8 Ole berechnet den Oberflächeninhalt eines Quaders mit a = 4 cm, b = 5 cm und c = 7 cm anders:
O = 2 · (4 cm · 5 cm + 4 cm · 7 cm + 5 cm · 7 cm)
a) Kann Ole so rechnen? Überprüfe und erkläre die Rechnung.
b) Vergleiche mit deinem Rechenweg. Welchen findest du einfacher? Begründe.

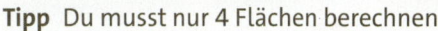

Ich multipliziere am Schluss alles mit 2.

9 Tom baut ein Aquarium für seine Fische.
Die vier Seitenflächen sind aus Glas.
Berechne, wie viel cm² Glas er dafür braucht.

Tipp Du musst nur 4 Flächen berechnen.

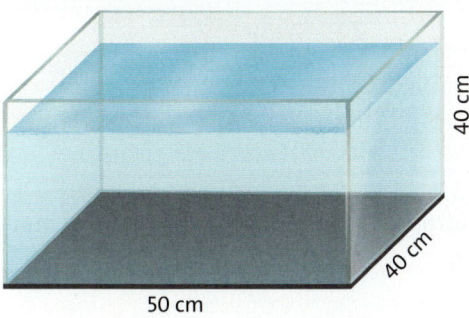

40 cm

40 cm

50 cm

10 Berechne den Oberflächeninhalt.
Die Kante eines kleinen Würfels ist 1 cm lang.

Tipp Bestimme zuerst die Kantenlängen des gesamten Würfels bzw. Quaders.

a)

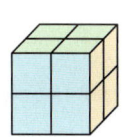

b)

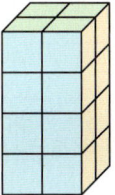

ANWENDEN

1 Baut verschiedene Körper.
a) aus 4 Würfeln   b) aus 6 Würfeln
c) aus 8 Würfeln   d) aus 16 Würfeln
Vergleicht eure Würfelbauten.

2 Aus wie vielen Würfeln besteht der Körper?

a)
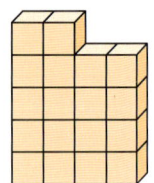

b)
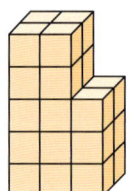

Tipp Zerlege die Körper, sodass du einfach zählen kannst.

a)
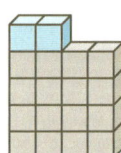

b)

3 Welche Körper haben den gleichen Rauminhalt? Begründe.

①

②

Tipp Zerlege in gleich große Teilkörper, dann brauchst du nicht rechnen.

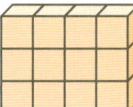

③
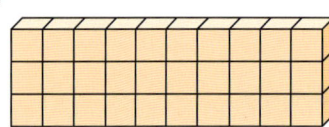

4 In welche Kiste passt mehr hinein? Begründe.

①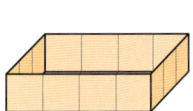

②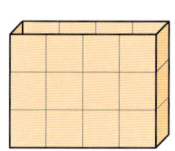

Tipp Wie viele kleine Würfel passen in die Kisten?

5 Aus wie vielen Würfeln besteht der Körper? Wie viele kleine Würfel passen noch den großen blauen Würfel?
Tipp Je ein Würfel ist verdeckt.

a)

b)
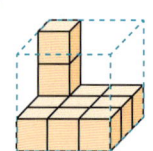

Tipp So sehen die großen blauen Würfel aus:

a)
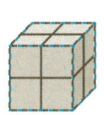

b)
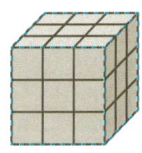

6 Tim sagt: „Ich kann aus genau 12 kleinen Würfeln einen Quader bauen."
Stimmt das? Begründe.

Tipp Mache eine Skizze.
Oder probiere es mit 12 Spielwürfel aus.

ANWENDEN

1 Mit welcher Einheit würde man das Volumen angeben?

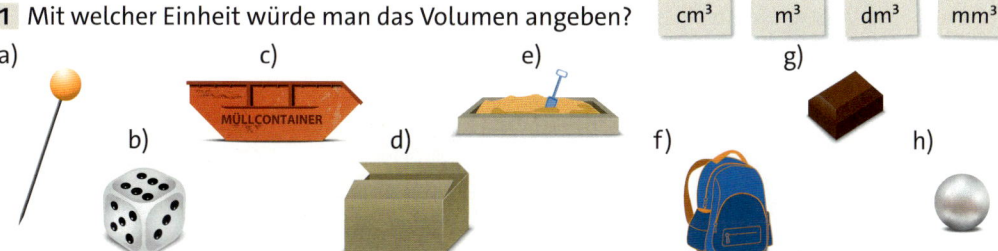

cm³   m³   dm³   mm³

a)   c)   e)   g)

b)   d)   f)   h)

2 Rechne um.

a) in die nächstkleinere Einheit:
  ① 2 cm³ = ■ mm³
  ② 51 dm³ = ■ cm³

b) in die nächstgrößere Einheit:
  ① 3000 mm³ = ■ cm³
  ② 70 000 dm³ = ■ m³

Tipp
nächstkleinere Einheit: 3 Nullen ergänzen
nächstgrößere Einheit: 3 Nullen streichen

Hinweis
Wie viel m³ sind
in einem Würfel
mit 1 km
Kantenlänge
enthalten?

3 Rechne in die angegebene Einheit um.
Musst du multiplizieren oder dividieren?

a) 8 cm³ = ■ mm³
b) 3000 mm³ = ■ cm³
c) 90 000 dm³ = ■ m³
d) 32 dm³ = ■ cm³

Tipp

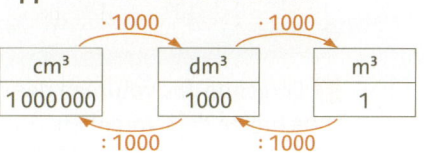

multi-
plizieren

m³
dm³
cm³
mm³

dividieren

4 Berechne schrittweise.

	cm³	dm³	m³
a)	3 000 000	3000	
b)	6 000 000		
c)			24
d)			90

Tipp schrittweise berechnen:

· 1000   · 1000

cm³	dm³	m³
1 000 000	1000	1

: 1000   : 1000

5 Kerstin sagt:
„Mein Zimmer ist 2000 dm³ groß."
Kann das sein? Begründe.

Tipp Welche Einheit ist für die Größe eines
Zimmers sinnvoll?

Methode Einheiten für Flüssigkeiten
Oft gibt man das Volumen für Flüssigkeiten in **Litern** oder **Millilitern** an.

  1 ℓ = 1 dm³
  1 mℓ = 1 cm³
  1 ℓ = 1000 mℓ

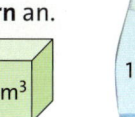

6 Gib das Volumen in dm³ an.

a)   b)   c)

7 Rechne in die angegebene Einheit um.
a) 2 mℓ = ■ cm³
b) 10 mℓ = ■ cm³
c) 3 ℓ = ■ dm³
d) ■ ℓ = 7 dm³

Tipp Liter und Milliliter sind nur andere
Bezeichnungen für dm³ und cm³:
— 1 ℓ ist genau so viel wie 1 dm³
— 1 mℓ ist genau so viel wie 1 cm³

ANWENDEN

1 Aus wie vielen kleinen Würfeln besteht der Quader?
Schreibe dazu eine Multiplikation.
Tipp Anzahl der Würfel nebeneinander, hintereinander, übereinander

a)

b)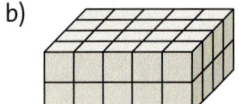

c)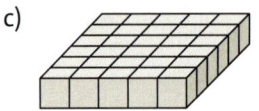

d)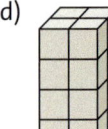

e)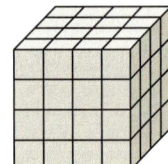

f)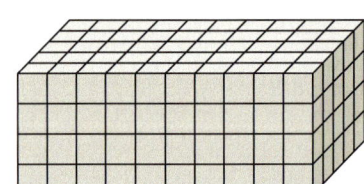

2 Berechne das Volumen in m³.
Ein kleiner Würfel ist 1 m³ groß.
Tipp Zähle die Würfel in der Länge,
in der Breite und in der Höhe.

a)    b)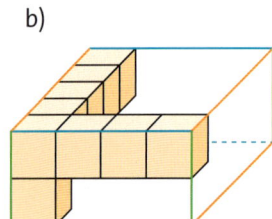

Tipp Volumen = Länge · Breite · Höhe

Länge: Breite: Höhe:

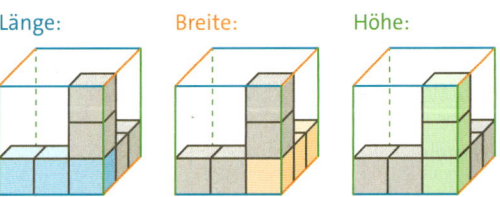

3 Berechne das Volumen des Quaders.
Beschreibe dein Vorgehen.

a) 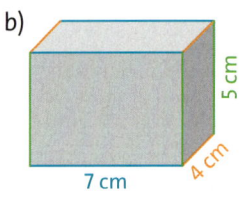   b)

Tipp V = ■ cm · ■ cm · ■ cm = ■ cm³

c)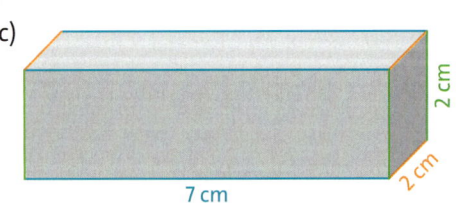

4 Berechne das Volumen des Würfels.
Tipp Achte auf die Einheiten.

a) 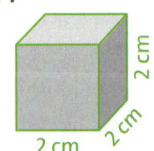   b)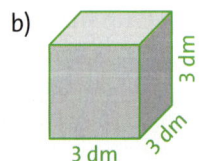

Tipp zu a) V = ■ cm · ■ cm · ■ cm = ■ cm³
Bei b) sind die Kantenlängen in einer anderen
Einheit gegeben: dm. Dann berechnet man
das Ergebnis auch in dm³.

5 Berechne das Volumen des Quaders.

a) a = 2 cm; b = 3 cm; c = 4 cm
b) a = 1 cm; b = 6 cm; c = 3 cm
c) a = 5 cm; b = 3 cm; c = 6 cm
d) a = 4 cm; b = 8 cm; c = 1 cm

Tipp V = ■ cm · ■ cm · ■ cm = ■ cm³

6 Berechne das Volumen des Würfels.

a) a = 10 cm
b) a = 20 cm
c) a = 6 cm

Tipp V = ■ cm · ■ cm · ■ cm = ■ cm³

7 Berechne das Volumen der Koffer.
Tipp Achte auf die Einheiten.

① ②

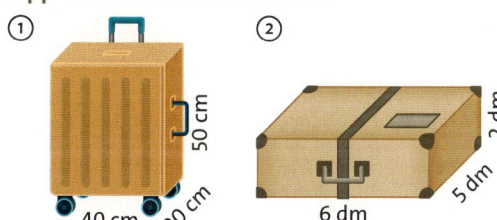

Tipp
Wenn **alle Kantenlängen in cm** gegeben sind, dann erhält man das **Volumen in cm³**.
Wenn **alle Kantenlängen in dm** gegeben sind, dann erhält man das **Volumen in dm³**.

8 Ein Karton ist 5 dm lang, 3 dm breit und 2 dm hoch.

a) Berechne das Volumen des Kartons.
b) Eine Kiste ist genauso lang, genauso breit, aber nur halb so hoch wie der Karton. Bestimme das Volumen der Kiste.

Tipp So sieht der Karton aus.

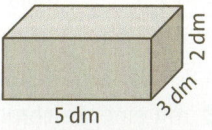

Wie sieht die Kiste aus?

9 Eine würfelförmige Kerze wird aus Wachs gegossen. Die Kerze hat eine Kantenlänge von 8 cm. Wie viel Wachs braucht man?

Tipp gegeben:
gesucht:
Formel:
Rechnung:
Antwortsatz:

10 👥 Alis Klassenraum ist 9 m lang, 6 m breit und 3 m hoch.

a) Vergleicht das Volumen von eurem und Alis Klassenraum.

Überlegt euch eigene Fragen und beantwortet sie:
b) Jede Person soll 2 m³ Raum haben.
c) Der Medienraum ist halb so lang wie Alis Klassenraum.
d) In die Aula können 600 Personen.

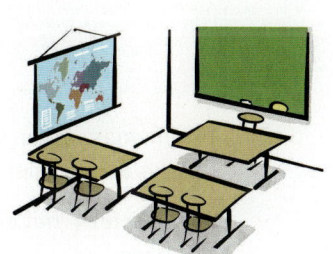

11 Berechne die Höhe des Quaders.
Tipp zu a) 5 m · 2 m · ■ m = 30 m³
          10 m · ■ m² = 30 m³

	Länge a	Breite b	Höhe c	Volumen
a)	5 cm	2 cm	■ cm	30 cm³
b)	4 cm	5 cm	■ cm	80 cm³

Tipp

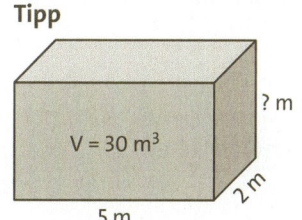

V = 30 m³
? m
2 m
5 m

Strategie Aussagen begründen

Wenn man in der Mathematik eine Frage beantwortet, muss man die Antwort oft begründen.
Es gibt verschiedene Möglichkeiten, eine Antwort oder Aussage zu begründen.

Beispiel 1 mit den **Eigenschaften** begründen

Frage:
Ist das ein Quader?

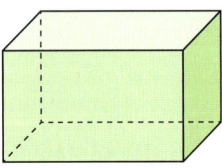

Ja, das ist ein Quader.
Begründung:

sechs rechteckige Flächen?	✓
gegenüberliegende Flächen gleich groß?	✓

Es ist also ein **Quader.**

Beispiel 2 mit einer **Rechnung** begründen

Frage:
Haben die beiden Quader das gleiche
Volumen?

①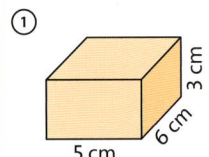

②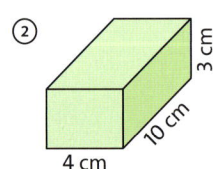

*Nein, die beiden Quader haben nicht
das gleiche Volumen.*
Begründung:
① $V = 5\,cm \cdot 6\,cm \cdot 3\,cm = 90\,cm^3$
② $V = 4\,cm \cdot 10\,cm \cdot 3\,cm = 120\,cm^3$
Das Volumen von Quader ① *ist kleiner als
das Volumen von Quader* ②*.*

Beispiel 3 mit einer **Zeichnung** begründen

Frage:
Haben die beiden Körper das gleiche
Volumen?

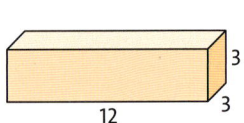

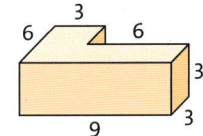

*Ja, die beiden Körper haben
das gleiche Volumen.*
Begründung:

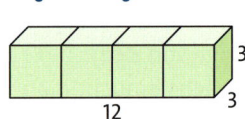

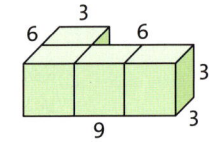

*Die beiden Körper sind aus gleich vielen,
gleich großen Würfeln gebaut.*

Wenn man zeigen will, dass eine Aussage falsch ist, reicht ein Beispiel aus.
Dieses Beispiel nennt man **Gegenbeispiel**.

Beispiel 4 mit einem **Gegenbeispiel** begründen

Frage:
Ist jeder Quader ein Würfel?

jeder Quader:
Das bedeutet, egal welchen
Quader man nimmt ...

Nein, nicht jeder Quader ist ein Würfel.
Begründung:

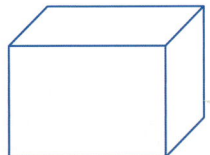

*Das ist ein Quader,
aber kein Würfel.*

Der Quader ist ein
Gegenbeispiel.

ANWENDEN

1 Ist das ein Würfel?
Begründe deine Antwort mit den Eigenschaften des Würfels.

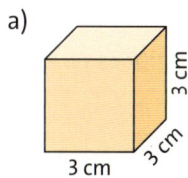

Tipp Prüfe die Eigenschaften:
2-mal ✓? Dann ist es ein Würfel.

6 quadratische Flächen?	▪
alle Flächen sind gleich groß?	▪

2 Welcher Körper hat den größeren Oberflächeninhalt?
Begründe deine Antwort mit einer Rechnung.

Tipp Würfel: O = 6 · a · a
Quader: O = 2 · a · b + 2 · a · c + 2 · b · c

a)   b)

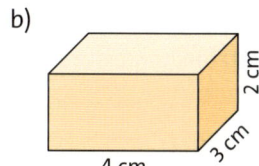

3 cm · 3 cm · 3 cm

4 cm · 3 cm · 2 cm

3 Haben die Körper das gleiche Volumen?
Begründe deine Antwort mit einer Zeichnung.

Tipp
Nutze die Karoraster zur Zerlegung.

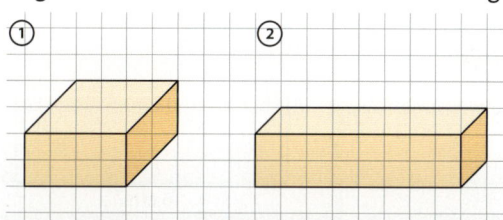

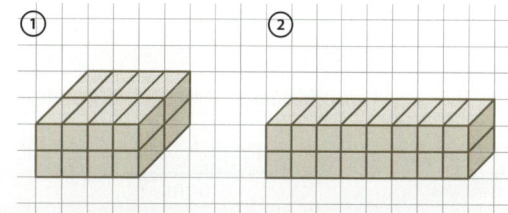

4 👥 Erklärt die Begründung.
Verdoppelt man die Kantenlängen eines Würfels, verdoppelt sich auch sein Volumen.
*Begründung: Ein Würfel hat die Kantenlänge 1 cm.
Dann ist das Volumen: V = 1 cm · 1 cm · 1 cm = 1 cm³.
Ein Würfel mit doppelt so langer Kantenlänge hat die Kantenlänge 2 · 1 cm = 2 cm.
Dann ist das Volumen: V = 2 cm · 2 cm · 2 cm = 8 cm³
Das Volumen ist 8-mal so groß. Die Aussage stimmt nicht.*

Die Aussage ist falsch.

5 Ein Würfel mit der Kantenlänge a = 2 cm hat ein doppelt so großes Volumen wie ein Würfel mit a = 1 cm. Stimmt das?

Tipp Begründe mit einer Rechnung.

6 Handelt es sich bei den beiden Netzen um den gleichen Körper? Begründe.

Tipp Begründe mit den Eigenschaften.

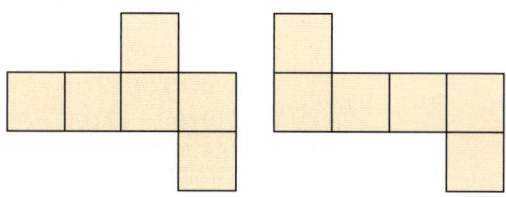

✚ Methode Zusammengesetzte Körper

1 Beschreibe die Körper. Aus welchen Körpern setzen sich die Körper zusammen?

① 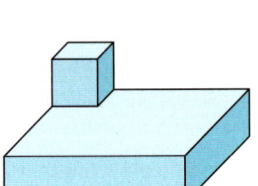 ② 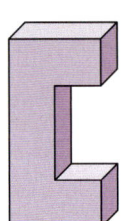 ③  ④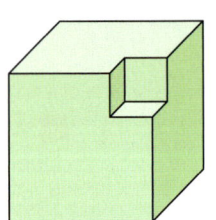

Um das Volumen von zusammengesetzten Körpern zu berechnen, gibt es zwei Methoden:

Zerlegungsmethode

① Zerlege den Körper in Quader und Würfel.

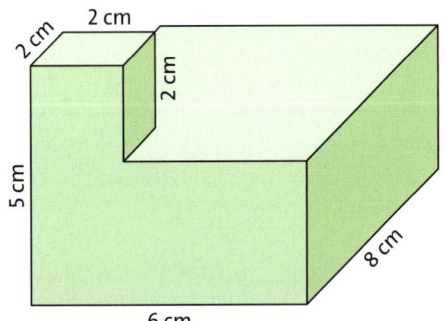

② Berechne jeweils das Volumen:
  Quader und Würfel
③ Addiere das Volumen:
  Quader + Würfel

Beispiel 1

①

Hier fehlt eine Kantenlänge:
5 cm – 2 cm = 3 cm

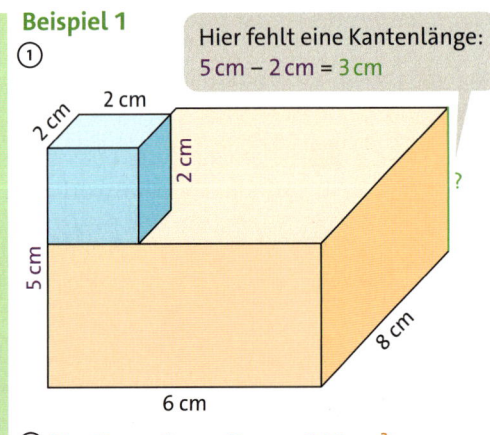

② $V = 6\,cm \cdot 8\,cm \cdot 3\,cm = 144\,cm^3$
  $V = 2\,cm \cdot 2\,cm \cdot 2\,cm = 8\,cm^3$
③ $V = 144\,cm^3 + 8\,cm^3$
  $V = \underline{152\,cm^3}$

Ergänzungsmethode

① Ergänze den Körper zu einem Quader oder Würfel.

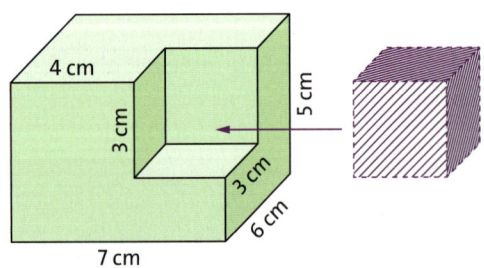

② Berechne jeweils das Volumen:
  großer Körper und kleiner Körper
③ Subtrahiere das Volumen:
  großer Körper – kleiner Körper

Beispiel 2

①

Hier fehlt eine Kantenlänge:
7 cm – 4 cm = 3 cm

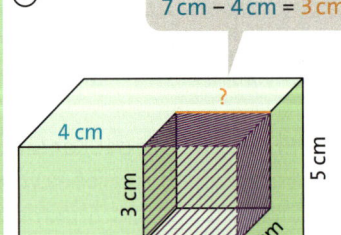

② $V = 7\,cm \cdot 6\,cm \cdot 5\,cm = 210\,cm^3$
  $V = 3\,cm \cdot 3\,cm \cdot 3\,cm = 27\,cm^3$
③ $V = 210\,cm^3 - 27\,cm^3$
  $V = \underline{183\,cm^3}$

ANWENDEN **1** Beschreibe, wie du die Körper zerlegen würdest.
Aus wie vielen Quadern und Würfeln bestehen dann die Körper?

a) b) c) d)

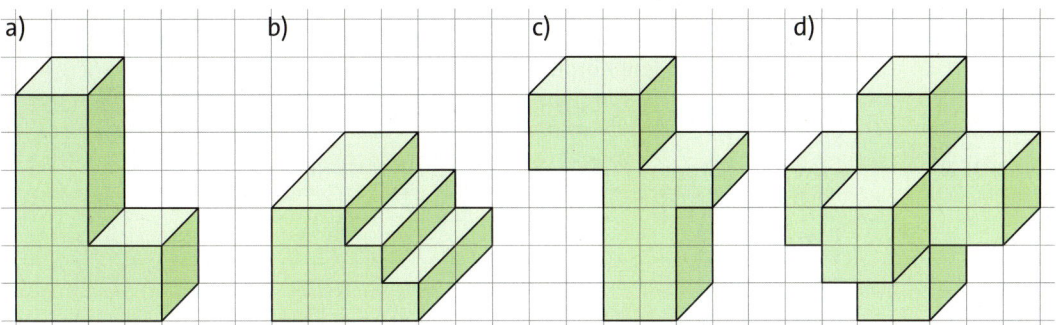

2 Berechne das Volumen mit der
Zerlegungsmethode.

Tipp Zerlege den Körper in zwei Teile.
Berechne jeweils das Volumen und addiere.

a) b)

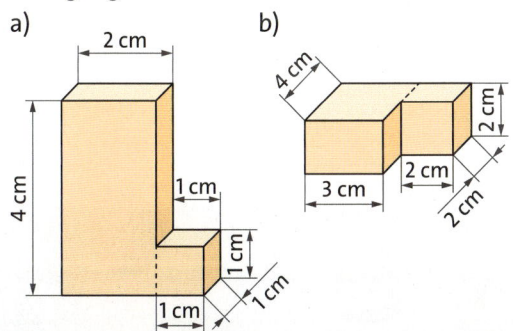

3 Berechne das Volumen mit der
Ergänzungsmethode.

Tipp Berechne erst das Volumen des großen
Körpers und subtrahiere das Volumen des
kleinen Körpers.

a) b)

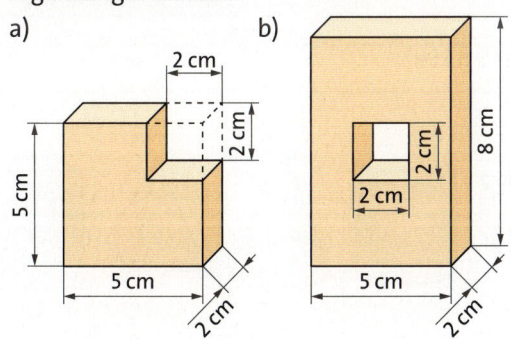

4 Berechne das Volumen des Körpers.
Welche Methode wählst du?
Begründe.

Tipp
Entweder
Ergänze oben in der Mitte mit einem Quader.
oder
Teile den Körper in 2 Würfel und einen
Quader.

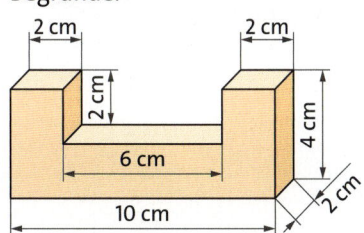

+ Thema **Weitere Körper**

Quader und Würfel hast du bereits kennengelernt.
Es gibt aber noch andere Körper.

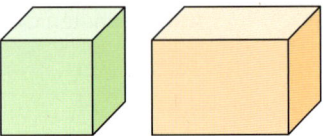

ANWENDEN

1 👥 Weitere Körper   Kugel   Pyramide   Prisma   Zylinder   Kegel

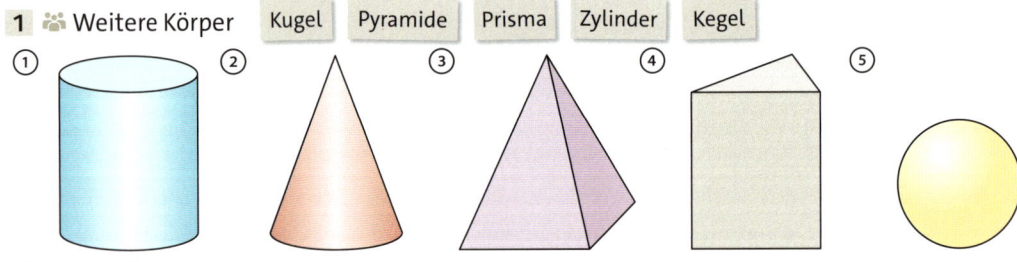

a) Wie heißen die Körper?
b) Vergleicht die Körper. Beschreibt Gemeinsamkeiten und Unterschiede.
   Tipp Nutze die Begriffe: Flächen, Kanten, Ecken

2 Welche Form haben die Gegenstände?
Beschreibe sie.

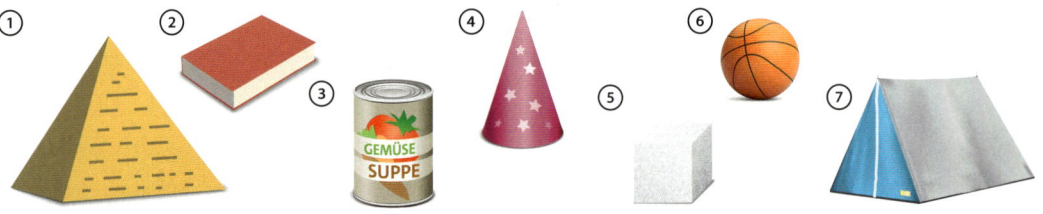

👥 Findet noch andere Gegenstände in eurer Umgebung, die diese Formen haben.

Nachgedacht
👥 *Körper sind auch symmetrisch. Welche Körper kann man mit einem Schnitt in zwei gleich große Hälften teilen? Beschreibt jeweils, wie man schneiden kann.*

3 Übertrage und ergänze die Tabelle im Heft.

Körper	*Würfel*					
Anzahl …						
der Flächen						
der Ecken						
der Kanten						

4 Welcher Körper wird hier gesucht?
Tipp Es können mehrere Körper richtig sein.

Tipp Die Tabelle aus Aufgabe 3 kann dir helfen.

a)   8 Kanten, 5 Flächen, 5 Ecken

b)   6 Ecken, 5 Flächen, 9 Kanten

c)   8 Ecken, 12 Kanten, 6 Flächen

d)   keine Ecken, 2 Kanten, 3 Flächen

Dezimalzahlen

In diesem Kapitel lernst du, …

→ was Dezimalzahlen sind.
→ Dezimalzahlen zu vergleichen und
  Dezimalzahlen am Zahlenstrahl darzustellen.
→ Dezimalzahlen zu runden.
→ Brüche in Dezimalzahlen umzurechnen.
→ was Prozentangaben mit Brüchen und Dezimalzahlen zu tun haben.

Nino trainiert schon seit eineinhalb Jahren Parkour. Das ist ein Sport, bei dem man auf dem schnellsten Weg zum Ziel kommen muss. Dabei gibt es verschiedene Hindernisse.
Nino kann schon über 0,8 m hohe Zäune springen und auf 1,65 m hohe Mauern klettern. Seine Bestzeit für die Trainingsstrecke ist 85,5 s. Wie hoch kannst du springen?

ANWENDEN

1 👥 Beschreibt die Bilder. Was bedeuten die Dezimalzahlen?

7,38 €
1,235 kg

6,2 cm

58,91 s

2 Schreibe als Dezimalzahl.

Tipp ■,■■■

a) fünf Komma vier
b) drei Komma eins zwei
c) null Komma fünf drei neun
d) zwanzig Komma null eins

3 👥 Diktiert euch die Dezimalzahlen.
Einer liest die Zahlen vor, der andere schreibt sie auf.

a) 3,72   b) 8,458   c) 19,905   d) 75,001   e) 182,719   f) 0,005 03

4 Welche Zahl ist hier dargestellt?
Tipp zu c) 0 Punkte bei z

Tipp

E	z	h
●● ,	●●●●	●●●	= 2,43

	E		z	h
a)	●	,	●●●●	●●●
b)	●●●	,	●●●●● ●●	●●●●
c)	●	,		●●

Hinweis
Nullen am Ende kann man weglassen:
3,50 = 3,5
In der Mitte geht das nicht:
4,05 = 4,05

5 Schreibe als Dezimalzahl und als Bruch.

Tipp

E	z	h
3 ,	5	6	= 3,56 = $3\frac{56}{100}$

2 Nachkommastellen, also **100** mit 2 Nullen

	E		z	h
a)	1	,	6	2
b)	9	,	0	5
c)	0	,	4	0

6 Übertrage die Stellenwerttafel ins Heft.
Trage die Dezimalzahlen ein.

Z	E	z	h	t
	,			

a) 16,459   b) 6,827   c) 0,118
d) 31,45   e) 8,6   f) 0,77

Tipp Achte auf das Komma
zu b) 6,827   Das ist falsch:

Z	E	z	h	t
6	8 ,	2	7	

7 Übertrage die Tabelle ins Heft und ergänze sie.

	Z	E	z	h	t	Dezimalzahl	Sprechweise	Bruch
a)		,				0,35		
b)	6	4 ,	2	0	1			
c)		,					elf Komma null drei	
d)		,						$13\frac{39}{100}$

8 Schreibe als Bruch.

a) 0,6   b) 0,7   c) 0,25
d) 0,85   e) 0,123   f) 1,06

Tipp $0,914 = \frac{914}{1000}$

3 Nachkommastellen, also **1000** mit 3 Nullen

9 Welche Zahlen gehören zusammen? Begründe.

0,008 $\frac{5}{100}$ 0,500   0,08 $\frac{5}{1000}$ $\frac{8}{10}$ 0,800 $\frac{5}{10}$

$\frac{8}{100}$ 0,005   0,05   0,5 $\frac{8}{1000}$ 0,080   0,8

Info Achte auf die Nullen.
Manchmal musst du zusätzliche Nullen
ergänzen.

$\frac{5}{100} = 0,05$

100 mit 2 Nullen, also 2 Nachkommastellen

$\frac{4}{1000} = 2,004$

1000 mit 3 Nullen, also 3 Nachkommastellen

10 Schreibe als Dezimalzahl.
Tipp Achte auf die Nullen.

a) $\frac{4}{100}$ b) $\frac{16}{1000}$

c) $\frac{2}{1000}$ d) $7\frac{8}{100}$

e) $13\frac{12}{1000}$ f) $27\frac{5}{1000}$

11 Schreibe als Dezimalzahl.
a) 5 Zehntel
b) 3 Einer, 7 Zehntel
c) 4 Zehner, 3 Einer, 4 Zehntel
d) 0 Einer, 8 Zehntel, 2 Hundertstel

Tipp Trage die Dezimalzahlen in eine Stellenwerttafel ein:
Z bedeutet Zehner.   E bedeutet Einer.
z bedeutet Zehntel.
h bedeutet Hundertstel.

12 Schreibe als Dezimalzahl.

a) $\frac{54}{100}$ b) $7 + \frac{6}{10}$

c) $14 + \frac{17}{100}$ d) $3 + \frac{209}{1000}$

e) $\frac{6}{10} + \frac{3}{100}$ f) $1 + \frac{7}{10} + \frac{8}{100}$

Tipp $2 + \frac{1}{10} + \frac{1}{100} = 2,11$

Z	E	z	h	t
	2 ,	1	1	

13 Bei Größen haben die Nachkommastellen eine besondere Bedeutung.
Erklärt die Bedeutung.   dm   cm   mℓ   km   g   mm

a)   b)   c)   d)

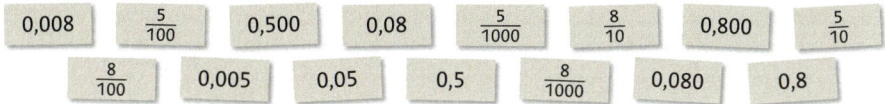

4,76 m

4,832 t

8,685 ℓ

← 3,25 dm →

14 Schreibe ohne Dezimalzahlen.
Tipp Rechne in die nächstkleinere Einheit um.

Die Giraffe Berta ist 6,71 m
groß.
Sie wiegt 801,700 kg.
Die Giraffe frisst jeden Tag
32,500 kg Blätter
und trinkt nur 5,1 ℓ Wasser.
Sie ist 4,5 Jahre alt.

Tipp Vorsicht bei der Angabe in Jahren.

ANWENDEN

1 Auf welche Zahlen zeigen die Pfeile?

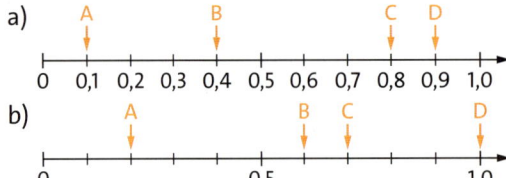

Tipp Die Zahlen unter dem Zahlenstrahl teilen den Zahlenstrahl gleichmäßig ein.
a) Lies die Zahlen ab.
b) Ergänze die Beschriftung und lies ab.

2 Beschreibe die Einteilung des Zahlenstrahls. Auf welche Zahlen zeigen die Pfeile?
Tipp Der Zahlenstrahl beginnt nicht bei null.

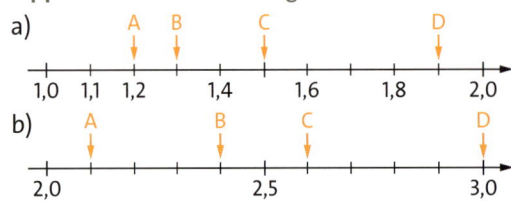

Tipp
① Der Zahlenstrahl zählt in ■er-Schritten.
② Die gesuchte Zahl steht zwischen ■ und ■.
③ Zähle weiter: Genau ■ Schritte danach. Also ist die gesuchte Zahl ■.

3 Übertrage den Zahlenstrahl ins Heft. Trage die Zahlen ein.
a) 0,2; 0,3 und 0,4

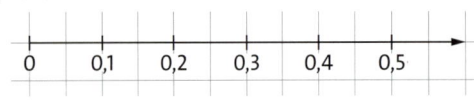

b) 0,1; 0,5 und 0,9

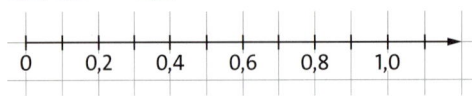

Tipp Achte auf die Kästchen.

4 Einen Zahlenstrahl zeichnen
① Zeichne einen 10 cm langen Zahlenstrahl. Beschrifte ihn: am Anfang mit 0
am Ende mit 1,0
② Trage die Zahlen ein: 0,6; 0,8; 0,1; 0,4

Tipp in gleichen Schritten einteilen:

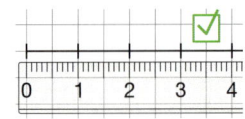 

Methode Dezimalzahlen mit mehr Nachkommastellen am Zahlenstrahl
Um Zahlen mit mehr Nachkommastellen auf einen Zahlenstrahl einzutragen, muss man den Zahlenstrahl feiner einteilen.

5 👥 Wie wurde der Zahlenstrahl verfeinert?

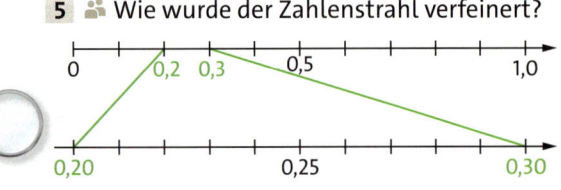

6 Übertrage ins Heft und ergänze die Beschriftung.

7 Beschreibe die Einteilung des Zahlenstrahls.
Auf welche Zahlen zeigen die Pfeile?

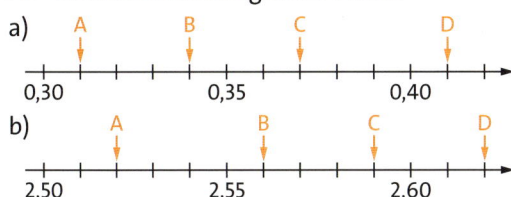

a)
b)

Tipp
① Der Zahlenstrahl zählt in ■er-Schritten.
② Die gesuchte Zahl steht zwischen ■ und ■.
③ Zähle weiter: Genau ■ Schritte danach.
   Also ist die gesuchte Zahl ■.

8 Welcher Fehler wurde
hier gemacht?
Berichtige im Heft.

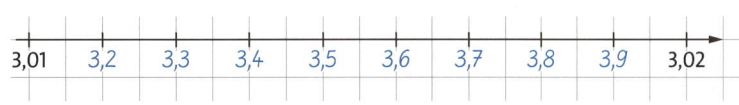

3,01 3,2 3,3 3,4 3,5 3,6 3,7 3,8 3,9 3,02

9 Zeichne einen 10 cm langen Zahlenstrahl.
Beschrifte ihn: am Anfang mit **2,7**
               am Ende mit **2,8**
Trage die Zahlen ein: **2,72**; **2,83**; **2,75**; **2,78**

Tipp Beschrifte den Zahlenstrahl:
2 Kästchen sind 0,01-Schritte.

10 Ordne die Kinder nach ihrer Größe.
Beginne mit dem kleinsten Kind.

1,57 m   1,61 m   1,52 m   1,63 m

Tipp Zeichne einen Zahlenstrahl und trage
die Größen ein.

kleiner   größer

1,50   1,60

Nachgedacht
Ben sagt:
„2,29999 ist
größer als 2,3,
weil 2,29999
mehr Zahlen
hinter dem
Komma hat."
Was sagst du
dazu?

11 Kleiner als **<** , größer als **>** oder gleich **=**?
Tipp Bei g) und h) musst du Nullen ergänzen.
a) 2,1 ■ 2,3   b) 0,600 ■ 0,6
c) 0,914 ■ 0,941   d) 0,710 ■ 0,7100
e) 4,539 ■ 4,51   f) 9,01 ■ 9,001
g) 1,6 ■ 1,62   h) 2,579 ■ 2,5

Tipp Vergleiche stellenweise:
■,■■■ ■ ■,■■■
erst die Ganzen, dann die Zehntel,
die Hundertstel und dann die Tausendstel.

12 Welche Ziffern kann man einsetzen?
a) 3,6■ > 3,64
b) 0,751 < 0,■93

0 1 2 3 4 5 6 7 8 9

Tipp Setze die Ziffern nacheinander ein und
prüfe, ob das Zeichen **>** oder **<** stimmt.

13 Klara behauptet:
„Zwischen 0,5 und 0,6 gibt es keine Zahlen
mehr." Stimmt das?

Tipp

0,5   0,6

14 Welches Preisschild gehört zu welcher Wassermelone?
Begründet eure Antwort.

3,64 €   3,20 €
         2,40 €
1,40 €
         2,71 €

2,478 kg   2,824 kg   1,086 kg   1,86 kg   2,103 kg

ANWENDEN

1 Runde auf Zehntel.

a) 2,43
b) 6,678
c) 7,599
d) 8,05
e) 0,229
f) 1,981

Tipp ① Die Rundungsstelle ist Zehntel.
② Ziffer rechts davon:
bei 0; 1; 2; 3 oder 4 abrunden
bei 5; 6; 7; 8 oder 9 aufrunden

2 Runde die Preise auf ganze Euro.
Tipp 1 € 75 ct ≈ 2 €

Tipp Die Ziffer nach dem € entscheidet, ob du aufrunden oder abrunden musst.

7,99 €   12,49 €   101,50 €   29,29 €

3 Runde.

a) 25,49 € auf €
b) 7,2 cm auf cm
c) 16,7 kg auf kg
d) 9,913 m auf m

Tipp Das bedeuten die Abkürzungen:
€: Euro   cm: Zentimeter
kg: Kilogramm   m: Meter

4 Michel soll auf Hundertstel runden.
Finde die Fehler und berichtige sie.

a) 0,425 ≈ 0,43
b) 12,962 ≈ 12,97
c) 3,495 ≈ 3,49
d) 9,379 ≈ 9,48

Tipp auf Hundertstel runden:
Welche Stelle ist die Rundungsstelle?
Welche Ziffer entscheidet?

5 Das Ergebnis beim Runden ist 3,5.
Für welche Dezimalzahlen kann das sein?

3,49   3,57111   3,52   3,506   3,41   5,39   3,52

Tipp Welche Stelle ist die Rundungsstelle gewesen?

Zum Weiterarbeiten
Das sind die Hauptstädte der Bundesländer in Deutschland.
🖥 *Suche die Einwohnerzahlen der Bundesländer in einem Lexikon oder im Internet und runde sie sinnvoll.*

6 So viele Einwohner haben diese Städte.

a) Schreibe die Einwohnerzahlen in Millionen mit einer Nachkommastelle.
Was fällt dir auf?

b) Ordne die Einwohnerzahlen nach ihrer Größe:
einmal vor dem Runden,
einmal die gerundeten Zahlen.
Was fällt dir auf?

Berlin	3 644 826	Magdeburg	238 697
Bremen	569 352	Mainz	217 118
Dresden	554 649	München	1 471 508
Düsseldorf	619 294	Potsdam	178 089
Erfurt	213 699	Saarbrücken	180 741
Hamburg	1 841 179	Schwerin	102 878
Hannover	538 068	Stuttgart	634 830
Kiel	247 548	Wiesbaden	278 342

7 Welche Aussage ist am sinnvollsten?

a) Die Wanderung ist ungefähr ■ km lang.

5,147 km   5,14 km   5 km

Tipp Ist es wichtig, wie lang die Wanderung genau ist?
Ist es wichtig, wie viel Mehl man genau beim Backen verwendet?

b) Zum Backen eines Kuchens braucht man ■ g Mehl.

474 g   500 g   470 g

ANWENDEN

1 Schreibe als Dezimalzahl.

a) $\frac{8}{10}$ b) $\frac{54}{100}$

c) $\frac{125}{1000}$ d) $\frac{336}{1000}$

e) $\frac{9}{100}$ f) $\frac{7}{1000}$

Tipp Wie viele Nullen hat die Stufenzahl im Nenner?

2 Rechne den Bruch in eine Dezimalzahl um.

Tipp Erweitere mit der angegebenen Zahl.

a) $\frac{5}{2} \overset{\cdot 5}{\underset{\cdot 5}{=}} \frac{\blacksquare}{10}$

b) $\frac{17}{50} \overset{\cdot 2}{\underset{\cdot 2}{=}} \frac{\blacksquare}{100}$

c) $\frac{77}{500} \overset{\cdot 2}{\underset{\cdot 2}{=}} \frac{\blacksquare}{1000}$

d) $\frac{100}{250} \overset{\cdot 4}{\underset{\cdot 4}{=}} \frac{\blacksquare}{1000}$

Tipp

mit 4 erweitern bedeutet:
Nenner und Zähler mit 4 multiplizieren

$\frac{6}{25} \overset{\cdot 4}{\underset{\cdot 4}{=}} \frac{\blacksquare}{100} = \frac{24}{100} = 0{,}24$

3 Rechne den Bruch in eine Dezimalzahl um.

Tipp Erweitere auf den Nenner.

a) $\frac{2}{5} = \frac{\blacksquare}{10}$

b) $\frac{9}{20} = \frac{\blacksquare}{100}$

c) $\frac{8}{25} = \frac{\blacksquare}{100}$

d) $\frac{10}{500} = \frac{\blacksquare}{1000}$

Tipp

Mit welcher Zahl muss man erweitern, um auf den Nenner Zehntel zu kommen?

$\frac{2}{5} = \frac{\blacksquare}{10}$

Hinweis
Diese Brüche kommen sehr häufig vor. Lerne die Brüche und die Dezimalzahlen dazu auswendig.

4 Rechne die Angaben in eine Dezimalzahl um.
Beschreibe dein Vorgehen.

$\frac{1}{2}$ ℓ $\frac{1}{5}$ kg $\frac{1}{4}$ m $\frac{3}{4}$ ℓ $\frac{1}{10}$ dm $\frac{1}{8}$ kg $\frac{1}{100}$ €

5 Rechne den Bruch in eine Dezimalzahl um.

Tipp Kürze mit der angegebenen Zahl.

a) $\frac{4}{20} \overset{:2}{\underset{:2}{=}} \frac{\blacksquare}{10}$

b) $\frac{15}{500} \overset{:5}{\underset{:5}{=}} \frac{\blacksquare}{100}$

c) $\frac{77}{700} \overset{:7}{\underset{:7}{=}} \frac{\blacksquare}{100}$

d) $\frac{3}{3000} \overset{:3}{\underset{:3}{=}} \frac{\blacksquare}{1000}$

Tipp

> mit 4 kürzen bedeutet:
> Nenner und Zähler durch 4 dividieren

$\frac{32}{40} \overset{:4}{\underset{:4}{=}} \frac{\blacksquare}{10} = \frac{8}{10} = 0,8$

6 Rechne den Bruch in eine Dezimalzahl um.

Tipp Kürze auf den Nenner.

a) $\frac{15}{50} = \frac{\blacksquare}{10}$

b) $\frac{40}{200} = \frac{\blacksquare}{100}$

c) $\frac{24}{600} = \frac{\blacksquare}{100}$

d) $\frac{666}{6000} = \frac{\blacksquare}{1000}$

Tipp

> Mit welcher Zahl muss man kürzen, um auf den Nenner Zehntel zu kommen?

$\frac{15}{50} = \frac{\blacksquare}{10}$

7 Rechne den Bruch in eine Dezimalzahl um.

Tipp zu a) bis c): Erweitere den Bruch.
   zu d) bis f): Kürze den Bruch.

a) $\frac{3}{5}$ b) $\frac{11}{25}$ c) $\frac{56}{500}$

d) $\frac{27}{30}$ e) $\frac{64}{800}$ f) $\frac{248}{2000}$

Tipp zu a) bis d):
Erweitere auf den Nenner 10, 100 oder 1000.
zu e) bis h):
Kürze auf den Nenner: 10, 100 oder 1000.

8 Schreibe das Rezept mit Dezimalzahlen. Beschreibe dein Vorgehen.

Tipp Erweitere oder kürze auf den Nenner: 10, 100 oder 1000.

Fruchtschorle

$\frac{1}{2}$ ℓ Wasser

$\frac{1}{10}$ ℓ Fruchtkonzentrat

$\frac{1}{4}$ Zitrone

$\frac{1}{5}$ kg Erdbeeren

9 Rechne den Bruch in eine Dezimalzahl um.

Tipp Dividiere schriftlich: Zähler : Nenner

a) $\frac{1}{5}$ b) $\frac{4}{5}$

c) $\frac{3}{4}$ d) $\frac{1}{8}$

e) $\frac{11}{22}$ f) $\frac{15}{25}$

Tipp Ergänze Komma und Nullen: 1 = 1,0000

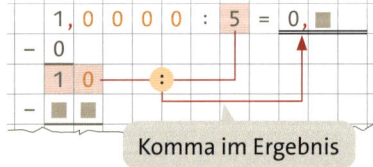

Komma im Ergebnis

10 Ein 7 m langes Seil wird in 8 gleich lange Stücke geschnitten.
Wie lang ist jedes Seilstück?

Tipp Dividiere schriftlich.

Tipp gegeben: …
gesucht: …
Rechnung: …
Antwortsatz: … Vergiss die Einheit nicht.

11 Schreibe als Dezimalzahl.
👥 Vergleicht euer Vorgehen.

$\frac{3}{8}$ $\frac{19}{20}$ $2\frac{3}{10}$ $\frac{3}{15}$ $\frac{7}{16}$

Methode Periodische Dezimalzahlen

Dividiert man den Zähler durch den Nenner, entsteht manchmal immer wieder derselbe Rest. Der Rest wiederholt sich. Dann wiederholt sich auch die Ziffer im Ergebnis. Sie wird mit einem darüber liegenden Strich markiert.
Diese Dezimalzahlen heißen **periodische Dezimalzahlen**.

Beispiel 1

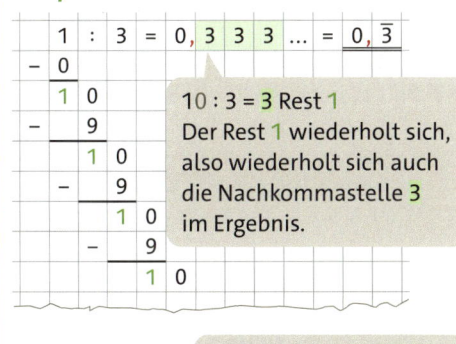

10 : 3 = 3 Rest 1
Der Rest 1 wiederholt sich, also wiederholt sich auch die Nachkommastelle 3 im Ergebnis.

0,333... = 0,$\overline{3}$ ◄ null Komma Periode 3

Beispiel 2

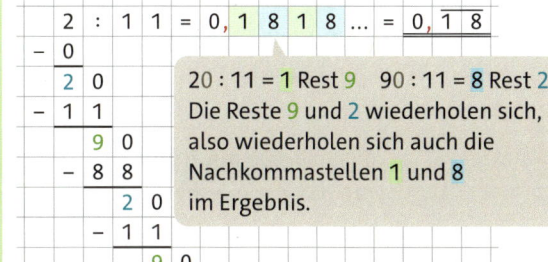

20 : 11 = 1 Rest 9   90 : 11 = 8 Rest 2
Die Reste 9 und 2 wiederholen sich, also wiederholen sich auch die Nachkommastellen 1 und 8 im Ergebnis.

0,1818... = 0,$\overline{18}$ ◄ null Komma Periode 18

ANWENDEN

1 Lies die periodischen Dezimalzahlen vor und schreibe mit den Wiederholungen.

Tipp 0,$\overline{1}$ = 0,111... ◄ null Komma Periode 1   0,$\overline{72}$ = 0,7272... ◄ null Komma Periode 72

a) 0,$\overline{4}$ b) 0,$\overline{32}$ c) 8,9$\overline{87}$ d) 0,0$\overline{2}$ e) 0,8$\overline{5}$ f) 13,5$\overline{421}$

2 Übertrage ins Heft und dividiere schriftlich.
Tipp Rechne solange, bist du eine Wiederholung bei den Resten erkennst.

Tipp Welcher Rest wiederholt sich immer? Welche Nachkommastelle wiederholt sich im Ergebnis?

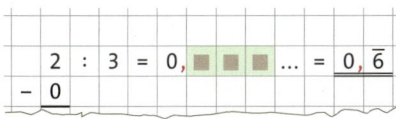

3 Rechne den Bruch in eine Dezimalzahl um.
Tipp Bei a) bis c) wiederholt sich eine Ziffer, bei d) bis f) wiederholen sich zwei Ziffern.

Tipp Dividiere schriftlich: den Zähler durch den Nenner.

a) $\frac{1}{6}$ b) $\frac{5}{6}$ c) $\frac{7}{9}$

d) $\frac{3}{11}$ e) $\frac{6}{11}$ f) $\frac{7}{30}$

4 Runde die periodischen Dezimalzahlen.
a) auf eine Nachkommastelle: 0,$\overline{2}$; 0,$\overline{8}$
b) auf zwei Nachkommastellen: 0,$\overline{75}$; 3,$\overline{1}$

Tipp Schreibe erst mit den Wiederholungen: 0,$\overline{2}$ = 0,2222...

5 Kleiner als < oder größer als > ?
a) 2,$\overline{1}$ ■ 2,1   b) 5,1 ■ 3,6
c) 4,$\overline{7}$ ■ 4,$\overline{8}$ d) 0,$\overline{19}$ ■ 0,2

Tipp Schreibe erst mit den Wiederholungen: zu a) 2,1111... ■ 2,1

ANWENDEN

1 Schreibe als Bruch mit dem Nenner 100, als Dezimalzahl und in Prozent.

Tipp zu a) 25 von 100

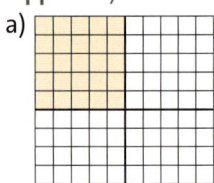

a)   b)   c)   d)

2 Schreibe in Prozent.

a) $\frac{5}{100} = \blacksquare$ %   b) $\frac{12}{100} = \blacksquare$ %   c) $\frac{25}{100} = \blacksquare$ %

Tipp Brüche mit dem Nenner 100 kann man sofort in Prozent schreiben.

3 Schreibe als Bruch.

a) 10 %   b) 30 %   c) 50 %

Tipp 19 % = $\frac{19}{100}$

4 Schreibe in Prozent.

a) Erweitere auf den Nenner 100:

① $\frac{12}{50}$ ② $\frac{8}{10}$

b) Kürze dafür auf den Nenner 100:

① $\frac{80}{800}$ ② $\frac{54}{600}$

Tipp

Erweitern heißt: Zähler und Nenner mit derselben Zahl zu multiplizieren.
Kürzen heißt: Zähler und Nenner durch dieselbe Zahl zu dividieren.

Nachgedacht
Max behauptet:
0,02 sind 20%
Was sagst du dazu?

5 Schreibe als Bruch und in Prozent.

a) 0,78 = $\frac{\blacksquare}{100}$ = $\blacksquare$ %   b) 0,45 = $\frac{\blacksquare}{100}$ = $\blacksquare$ %

Tipp 0,19 = $\frac{19}{100}$ = 19 %

6 Übertrage und ergänze die Tabelle.

	Prozent	Bruch	Dezimalzahl
a)	12 %		
b)	75 %		
c)	5 %		

Tipp Vorsicht bei c)

5 % = $\frac{5}{100}$ = 0,5   Das ist falsch!

7 Schreibe als Bruch, als Dezimalzahl und in Prozent.

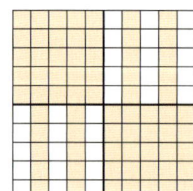

Tipp Wie viele Kästchen sind orange? Wie viele Kästchen sind es insgesamt?

8 35 % aller Mädchen fahren mit dem Bus zur Schule. Bei den Jungen fahren 25 von 100 mit dem Bus. Vergleiche mit Prozentangaben.

Tipp Schreibe 25 von 100 Jungen in Prozent.

9 👥 Ein Blumenbeet ist zu 25 % mit roten Tulpen bepflanzt, zur Hälfte mit gelben Tulpen und drei Viertel mit weißen. Was sagt ihr dazu?

Daten

In diesem Kapitel lernst du, …

→ Informationen zu vergleichen.
→ wie man den Durchschnitt berechnet.
→ wie man einen anderen Mittelwert, den Median, berechnet.
→ absolute und relative Häufigkeit kennen.

Daten gibt es überall.
Man kann sie sammeln, vergleichen und auf verschiedene Weise darstellen.
Vergleiche das Alter, das Gewicht und die Größe der Wellensittiche.
Welche Daten kann man für die Wellensittiche außerdem noch sammeln?
Welche Daten gibt es über dich?

Name: Leo
Alter: 5 Jahre
Gewicht: 42 g
Größe: 19,5 cm

Name: Susi
Alter: 3 Jahre
Gewicht: 37 g
Größe: 16 cm

ANWENDEN

1 Tiere im Tropenhaus

10 Fledermäuse   50 Frösche   35 Schild-kröten

20 Erd-männchen

a) Ordne die Tiere den Säulen zu.
b) Welches Tier kommt am häufigsten vor?
c) Welches Tier kommt am seltensten vor?
d) Wie groß ist der Unterschied zwischen den häufigsten und den seltensten Tieren?

2 Lieblingseis der Klasse 6 c:

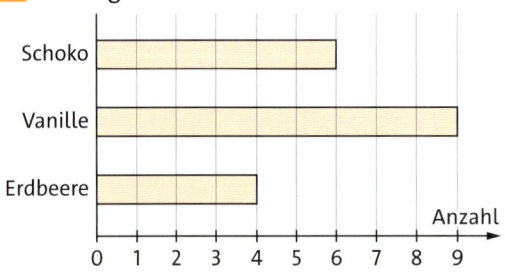

Tipp Anzahlen ablesen

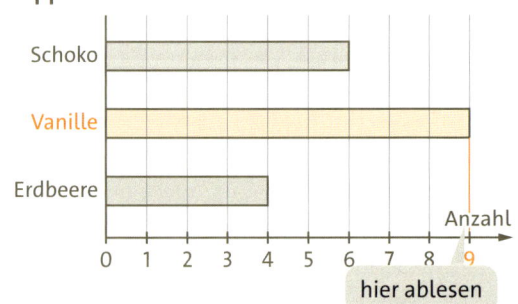

hier ablesen

a) Was ist das für ein Diagramm?
   Tipp Säulendiagramm, Balkendiagramm
   oder Kreisdiagramm?
b) Lies das Maximum ab. → längster Balken
c) Lies das Minimum ab. → kürzester Balken
d) Berechne die Spannweite.

3 Tiere im Zoo
a) Welche Art von
   Diagramm ist das?
b) Lies Minimum und
   Maximum ab.
c) Berechne die
   Spannweite.

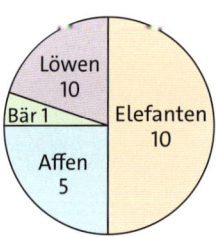

Tipp
zu a) Säulendiagramm, Balkendiagramm
      oder Kreisdiagramm?
zu b) Minimum = kleinster Kreisteil
      Maximum = größter Kreisteil
zu c) Spannweite = Maximum − Minimum

4 So kommen die Schüler zur Schule:

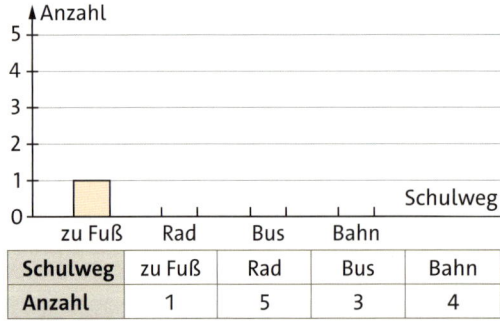

Tipp Das Säulendiagramm hat 4 Säulen.
Wie hoch muss die Säule für Rad werden?
Wie hoch muss die Säule für Bus werden?
Wie hoch muss die Säule für Bahn werden?

Schulweg	zu Fuß	Rad	Bus	Bahn
Anzahl	1	5	3	4

a) Ergänze die fehlenden Säulen im Heft.
b) Lies Minimum und Maximum ab.
c) Berechne die Spannweite.

5 Hobbys der Klasse 6 b:
Lena hat eine Strichliste und ein Säulendiagramm gezeichnet.
Dann hat Lena die Kennwerte bestimmt.

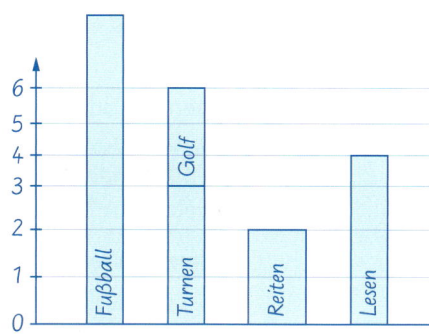

Hobby	Fußball	Turnen	Golf	Reiten	Lesen
Anzahl	IIII	III	III	II	IIIIIIII

Kennwerte   Das Maximum ist Lesen: 8
Das Minimum ist Fußball: 4
Die Spannweite ist 8 − 4 = 4.

Lena hat einige Fehler gemacht. Beschreibe die Fehler. Berichtige sie im Heft.

6 Abstimmung zum Klassenausflug:

Museum   4 Stimmen
Kletterpark   15 Stimmen
Schwimmbad   1 Stimme
Zoo   10 Stimmen

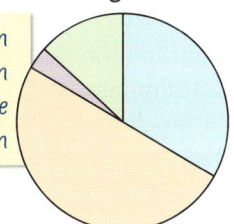

a) Welche Farbe gehört
   zu welchem Ausflug?
b) Richtig oder falsch? Begründe.
   ① Die Klasse fährt in den Zoo.
   ② Das Museum hat 4 von 32 Stimmen.
   ③ Die Hälfte möchte ins Schwimmbad.

Tipp Ordne die Ausflüge
nach der Anzahl der Stimmen:
die meisten Stimmen   → der größte
                           Kreisteil
weniger Stimmen   → der kleinere
                           Kreisteil
noch weniger Stimmen   → der noch kleinere
                           Kreisteil
die wenigsten Stimmen   → der kleinste
                           Kreisteil

Methode **Werte im Kreisdiagramm**
Mit einem Kreisdiagramm kann man gut
Anteile darstellen:
$\frac{3}{4}$ von 100 Befragten
haben mit „ja"
geantwortet.
Die Anzahl kann man
dann berechnen:
$\frac{3}{4}$ von 100 = 75

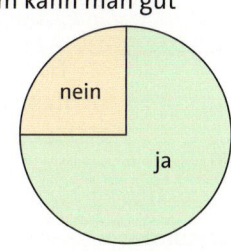

7 300 Schüler wurden befragt:
„Hast du einen Bruder?"
Berechne die Anzahl
an Antworten.
a) Berechne den grünen
   Anteil: $\frac{2}{3}$ von 300
b) Berechne den
   orangen Anteil:
   $\frac{1}{3}$ von 300

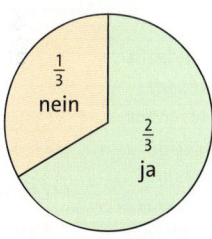

8 12 Personen wurden befragt:
„Was ist deine Lieblingsfarbe?"
a) Ordne die Anteile
   den Farben zu.

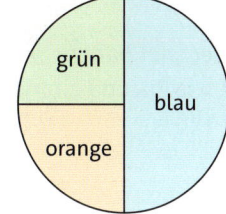

b) Wie viele Personen
   haben blau als
   Lieblingsfarbe?
c) Drei Befragte haben als Lieblingsfarbe Grün
   angegeben. Stimmt das? Begründe.

Tipp

$\frac{1}{2}$ von 12

$\frac{1}{4}$ von 12

Methode Kreisdiagramme zeichnen

Mit einem Kreisdiagramm kann man gut Anteile darstellen:
50 von 100 Kindern sind die **Hälfte**. Man zeichnet im Kreis die Hälfte ein.
25 von 100 Kindern sind ein **Viertel**. Man zeichnet im Kreis ein Viertel ein.
Aber welchen Anteil zeichnet man für 20 von 120 Kindern in einem Kreisdiagramm?

Beispiel 1 Wer ist der beste Handballer im Verein?

Tobias	Alexander	Maximilian
20 Stimmen	30 Stimmen	70 Stimmen

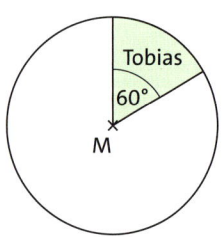

① Plane ausreichend Platz in deinem Heft ein.
   Markiere den Mittelpunkt M und zeichne um M einen Kreis.
② Berechne die Gesamtzahl: 20 + 30 + 70 = 120
③ Berechne die Winkelgröße für eine Stimme: 360° : 120 = 3°
④ Berechne die Winkelgröße für 20 Stimmen: 3° · 20 = 60°
⑤ Zeichne den Winkel im Kreis ein. Beschrifte den Kreisteil.
   Berechne dann den nächsten Winkel und zeichne den Kreisteil ein.

ANWENDEN

1 Übertrage das Kreisdiagramm von Beispiel 1 ins Heft und ergänze die Kreisteile für Maximilian und Alexander.

2 Lieblingsfrühstück

Müsli	Brot	Obst
10	60	50

Zeichne dazu ein Kreisdiagramm.

Tipp So legst du das Geodreieck an.

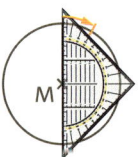

Nachgedacht
Mesut sagt:
„Ich berechne den letzten Winkel nie."
Erkläre, was er damit meint.

3 Haustiere:

30 Hunde   80 Kleintiere   70 Katzen

Zeichne dazu ein Kreisdiagramm.
Tipp Berechne erst den Winkel für 30 Hunde.

Tipp Berechne erst die Gesamtzahl, dann die Winkelgröße für eine Stimme und dann die Winkelgröße für die 30 Hunde.

4 Berechne die Winkelgröße für ein Kreisdiagramm: 20 von 120 Kindern
Pia sagt: „Das berechne ich kürzer."
$$\frac{360°}{120} \cdot 20 = 3° \cdot 20 = 60°$$

Thomas sagt: „Das rechne ich anders."
$$\frac{20}{120} \cdot 360° = \frac{1}{6} \cdot 360° = 60°$$

a) 👥 Erklärt, wie Pia und Thomas gerechnet haben.
b) Berechne die Winkelgröße einmal wie Pia und einmal wie Thomas.
   ① 60 von 120   ② 30 von 120   ③ 25 von 100   ④ 40 von 50

5 Punkte beim Kartenspiel:

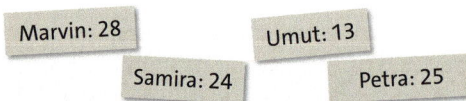

Marvin: 28   Umut: 13   Samira: 24   Petra: 25

Zeichne dazu ein Kreisdiagramm.

Tipp Gesamtzahl: 28 + 24 + 13 + 25 = ■

🔲 Methode Diagramme mit dem Computer zeichnen

Diagramme können auch mit einem Computerprogramm gezeichnet werden.
Dafür gibt es verschiedene Programme zur **Tabellenkalkulation**.
Mit der Tabellenkalkulation kannst du verschiedene Diagramme auswählen und
dein Diagramm einfach verändern.

① **Daten eintragen**
Übertrage die Daten in
eine Tabellenkalkulation.

	A	B	C
1	Lehrer	Stimmen	
2	Herr Richter	48	
3	Frau Müller	21	
4	Frau Taniyan	36	
5	Herr Jahn	11	

② **Daten markieren**
Drücke dazu die linke Maustaste und
halte sie gedrückt.
Bewege den Mauszeiger nun über den
Bereich, den du markieren möchtest.

	A	B	C
1	Lehrer	Stimmen	
2	Herr Richter	48	
3	Frau Müller	21	
4	Frau Taniyan	36	
5	Herr Jahn	11	

③ **Diagramm auswählen**
Klicke zuerst oben in der Menüleiste auf Einfügen .
Wähle dann bei
Diagramme
das gewünschte
Diagramm aus.

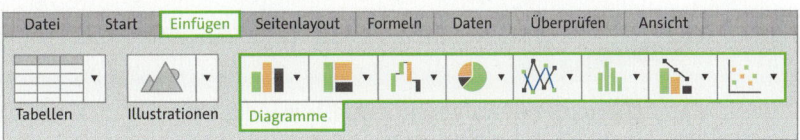

④ **Diagramme bearbeiten**
Man kann das Aussehen der Diagramme bearbeiten,
z. B. Farben,
Hilfslinien,
Beschriftung, …

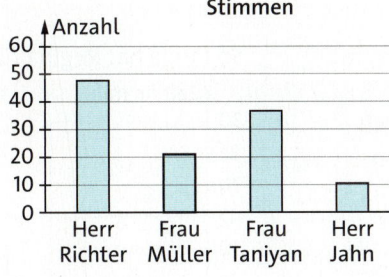

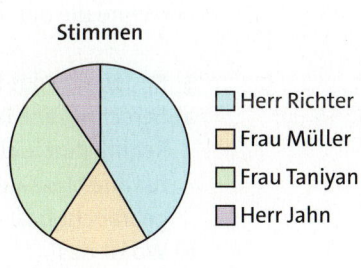

ANWENDEN

1 Besucherzahlen im Museum

| Mo: 89 | Di: 117 | Mi: 224 | Do: 36 | Fr: 96 | Sa: 255 | So: 302 |

a) Zeichne mit einer Tabellenkalkulation ein Kreisdiagramm, ein Säulendiagramm und
ein Balkendiagramm.
b) Bearbeite das Aussehen der Diagramme. Beschreibe dein Vorgehen.
c) 👥 Vergleicht eure Diagramme.

ANWENDEN

1 Bauer Pehle hat aufgeschrieben, wie viele Eier seine Hühner jeden Tag gelegt haben.

Mo	Di	Mi	Do	Fr
6	10	11	7	6

Berechne den Durchschnitt:
① Berechne die Summe alle Werte.
② Bestimme die Anzahl der Werte:
Wie viele Tage sind es insgesamt?
③ Dividiere.

Tipp
① Werte addieren (plus rechnen):
  6 + 10 + ... = ■
② Anzahl der Werte zählen: ■
③ geteilt rechnen: ■ : ■

2 Berechne den Durchschnitt.
Tipp Alle Werte addieren und durch die Anzahl der Werte dividieren.
a) 7; 3; 9; 1   Anzahl der Werte: ■
b) 15; 12; 16; 23; 24 Anzahl der Werte: ■
c) 65; 15; 20; 4   Anzahl der Werte: ■
d) 350; 305; 344   Anzahl der Werte: ■

Tipp
① Berechne die Summe alle Werte.
② Bestimme die Anzahl der Werte:
  Wie viele Werte sind es insgesamt?
③ Dividiere die Summe aller Werte durch die Anzahl der Werte.

Hinweis
Das arithmetische Mittel ist dasselbe wie der Durchschnitt.

3 👥 Alia hat jeweils das arithmetische Mittel berechnet. Was sagt ihr dazu? Erklärt euch die Fehler und berichtigt sie.

a)

| 1 | 4 | 2 | 8 | 5 |

1 + 4 + 2 + 8 + 5 : 5
= 1 + 4 + 2 + 8 + 1 = <u>16</u>

b)

| 7 | 3 | 7 | 7 |

7 + 3 = 10
10 : 2 = <u>5</u>

c)

| 8 | 3 | 0 | 6 | 0 | 7 |

8 + 3 + 6 + 7 = 24
24 : 4 = <u>6</u>

4 Lukas hat aufgeschrieben, wie viele km Fahrrad er am Tag gefahren ist:

Mo	Di	Mi	Do	Fr	Sa
4 km	4 km	11 km	4 km	0 km	7 km

Berechne die durchschnittliche Strecke.

Tipp Addiere alle Zahlen, auch doppelte Werte und Nullen.

5 Beschreibe das Diagramm.
a) Berechne, wie lange Regina durchschnittlich für ihre Hausaufgaben gebraucht hat.
b) Wo ist das arithmetische Mittel im Diagramm eingezeichnet?

So lange hat Regina für ihre Hausaufgaben gebraucht:

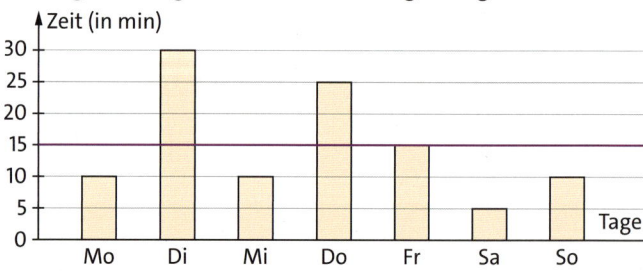

6 Wer ist der bessere Fußballer?
Tipp Berechne jeweils den Durchschnitt.

Tore von Zoey:		
7	3	5
9		

Tore von Sam:		
6	11	4

Tipp ① Berechne den Durchschnitt für Zoey.
② Berechne den Durchschnitt von Sam.
③ Vergleiche: Welcher Durchschnitt ist größer?

ANWENDEN

1 Ordne die Werte erst von klein nach groß.
Bestimme dann den Median.
Tipp Hier ist die Anzahl der Werte ungerade.
a) 7; 13; 4; 18; 9
b) 23; 21; 19; 24; 25
c) 52; 51; 58; 55; 56; 59; 53

Tipp ① Zahlen von klein nach groß ordnen
② Welche Zahl liegt in der Mitte?
Zähle dazu gleichzeitig links und rechts ab:

4   7   9   13   18

Mitte

2 Ordne die Werte erst von klein nach groß.
Bestimme dann den Median.
Tipp Hier ist die Anzahl der Werte gerade.
a) 12; 8; 10; 5
b) 85; 89; 88; 84; 82; 87
c) 42; 46; 48; 41

Tipp ① Zahlen von klein nach groß ordnen
② Welche Zahl liegt in der Mitte?

5   8   10   12

2 Zahlen in der Mitte
③ Rechne (8 + 10) : 2 = ■

3 👥 Mia hat den Median berechnet. Was sagt ihr dazu?
Erklärt euch die Fehler und berichtigt sie.

a) 23; 19; 24; 17; 20
Der Median ist 24.

b) 36; 40; 41; 45
Der Median ist 40,41.

c) Urliste: 2; 3; 5; 3; 5; 6; 5
Rangliste: 2; 3; 5; 6
Der Median ist 4.

4 Aida spielt ein Würfelspiel.
Bei der ersten Runde bekommt sie 8 Punkte.
Danach bekommt sie 4 Punkte und
zum Schluss 10 Punkte.
Bestimme den Median.
Erkläre dein Vorgehen.

Tipp Schreibe die Angaben aus dem Text:
gegeben: …
gesucht: …
Rechnung: …
Antwortsatz: …

5 Übertrage und ergänze die Sätze im Heft.

6 cm   18 cm   38 cm   46 cm   89 cm

Der Median ist ■. Das bedeutet:
Die Hälfte der Tiere ist kleiner als ■.
Die Hälfte der Tiere ist größer als ■.

Tipp

Die eine Hälfte ist kleiner als ich.

Die andere Hälfte ist größer als ich.

Rita   Max   Nicole   Robert   Leon

6 💬 Beschreibe das Diagramm.
a) Bestimme den Median.
b) 👥 Erklärt euch,
wie ihr vorgegangen seid.
Tipp Zuerst habe ich …
Danach …
c) Macht es hier Sinn, den
Median zu berechnen?
Begründe.

Das machen die Kinder im Internet:

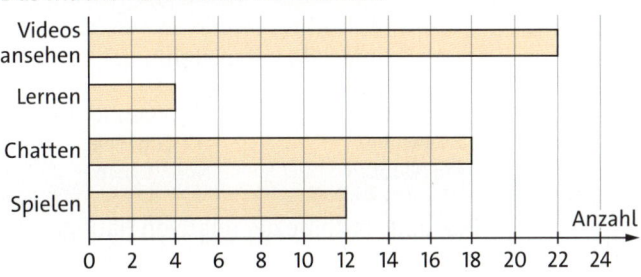

ANWENDEN

1 Übertrage und ergänze die Tabelle im Heft.

Tipp relative Häufigkeit = $\dfrac{\text{absolute Häufigkeit}}{\text{Gesamtzahl}}$

	absolute Häufigkeit	Gesamtzahl	relative Häufigkeit
a)	7	10	
b)	3	4	
c)	1	5	

2 Vögel

a) Bestimme die absolute Häufigkeit der gelben Vögel.
b) Wie viele Vögel sind es insgesamt?
c) Bestimme die relative Häufigkeit der gelben Vögel als Bruch.

Tipp zu a) absolute Häufigkeit:
  Anzahl
  Wie oft?
zu c) relative Häufigkeit:
  Anteil
  ... von der Gesamtzahl?

3 Übertrage und ergänze die Tabelle im Heft.

Tipp Berechne erst die Gesamtzahl.

Lieblings-geschmack	absolute Häufigkeit	relative Häufigkeit
Himbeere	50	
Zitrone	16	
Waldmeister	34	
Gesamtzahl		

4 Schreibe die absolute Häufigkeit aus dem Text und bestimme die relative Häufigkeit.
a) Miriam hat 81 von 100 Punkten.
b) Es wurden 200 Fahrräder getestet. 26 der Fahrräder waren kaputt.
c) 6 der 12 Blumen sind Rosen.
d) Bei 20 Versuchen haben nur 4 geklappt.
e) Lars hat 20 Lose gekauft. 19 davon waren Nieten.

5 Vergleiche die Ergebnisse beim Training:
Ben: 3 Treffer von 10 Versuchen
Lina: 1 Treffer von 5 Versuchen
Tipp Bestimme die relativen Häufigkeiten:
  3 von 10 und 1 von 5.
Schreibe als Dezimalzahl oder in Prozent.

Tipp Erweitere auf den Nenner 10 oder 100:
$\dfrac{1 \cdot \blacksquare}{5 \cdot \blacksquare} = \dfrac{\blacksquare}{10}$
oder
$\dfrac{1 \cdot \blacksquare}{5 \cdot \blacksquare} = \dfrac{\blacksquare}{100}$
Erweitern heißt: Zähler und Nenner mit derselben Zahl zu multiplizieren.

6 Wo würdest du mitspielen?

Gewinnspiel A:	Gewinnspiel B:
7 Gewinne von 10 Losen	12 Gewinne von 20 Losen

Begründe mithilfe der relativen Häufigkeiten.

Tipp Bei welchem Gewinnspiel ist die Chance größer zu gewinnen?
Gib die Chance als relative Häufigkeit an.

🏛 Methode **Kennwerte mit dem Computer bestimmen**

Mit einer Tabellenkalkulation kann man die **Kennwerte** von Daten bestimmen.

① Daten eintragen und Zelle aktivieren
Übertrage die Daten
in eine Tabellen-
kalkulation.
Klicke dann auf die Zelle,
wo der Kennwert stehen
soll.

	A	B
1	Lehrer	Stimmen
2	Herr Richter	48
3	Frau Müller	21
4	Frau Taniyan	36
5	Herr Jahn	11
6		
7	**Kennwerte**	
8	Minimum:	=

Da sind alles **Kennwerte**:
Minimum
Maximum
Spannweite
arithmetisches Mittel
Median

② Funktion einfügen
Klicke oben f_x an.
Es öffnet sich ein neues
Fenster.
Wähle eine Funktion
aus der Liste aus:

Funktionen
 MIN (Minimum)
 MAX (Maximum)
 MITTELWERT (arithmetisches Mittel)
 MEDIAN
Klicke dann auf OK.

B2 ▼ × ✓ f_x =

	A	B
1	Lehrer	Stimmen
2	Herr Richter	48
3	Frau Müller	21
4	Frau Taniyan	36
5	Herr Jahn	11
6		
7	**Kennwerte**	
8	Minimum:	=

Funktion einfügen ⊗
Funktion suchen:
🔍 Suchen
Funktion auswählen
MDURATION
MEDIAN
MIN
MINA
MINUTE
MINIV
OK   Abrechen

③ Bereich markieren
Drücke die linke
Maustaste und markiere
so die Zahlen, für die du
den Kennwert bestimmen
willst.
Klicke dann auf OK.

	A	B
1	Lehrer	Stimmen
2	Herr Richter	48
3	Frau Müller	21
4	Frau Taniyan	36
5	Herr Jahn	11
6		
7	**Kennwerte**	
8	Minimum:	= MIN(B2:B5)

Funktionsargumente ⊗
MIN
Zahl1 B2:B5   = (48;21;36;11)
Zahl2 _____ = Zahl
Formelergebnis = 11
OK   Abrechen

Das Ergebnis
Minimum 11
wird eingetragen.

6		
7	**Kennwerte**	
8	Minimum:	11
9		
10		

ANWENDEN

1 👥 Übertragt die Daten von oben in eine Tabellenkalkulation.
a) Bestimmt die Kennwerte Minimum, Maximum, arithmetisches Mittel und Median.
b) Berechne auch die Spannweite. Beschreibt euer Vorgehen.

2 Ergebnis der Bürgermeister-Wahl:

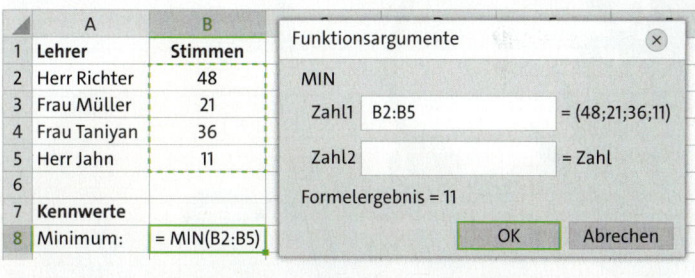

Herr Dudda 1258   Frau Mai 1058   Herr Beste 1108   Frau Sanner 1260   Frau Ülya 1242

Bestimme alle Kennwerte mit einer Tabellenkalkulation.

Mit Dezimalzahlen rechnen

In diesem Kapitel lernst du, …

→ Dezimalzahlen zu addieren und zu subtrahieren.
→ mit Stufenzahlen zu multiplizieren und durch Stufenzahlen zu dividieren.
→ Dezimalzahlen schriftlich zu multiplizieren.
→ Dezimalzahlen schriftlich zu dividieren.
→ die Vorrangregeln bei Dezimalzahlen anzuwenden.

Pia und Luise wollen einen Obstsalat machen.
Sie kaufen ein:

1 Melone	1,80 €
2 Ananas	je 2,69 €
3 Äpfel	je 0,40 €
1 kg Weintrauben	3,90 € pro kg
2 kg Bananen	1,85 € pro kg

Sie haben 20 € dabei.
Das Wechselgeld dürfen sie sich teilen.

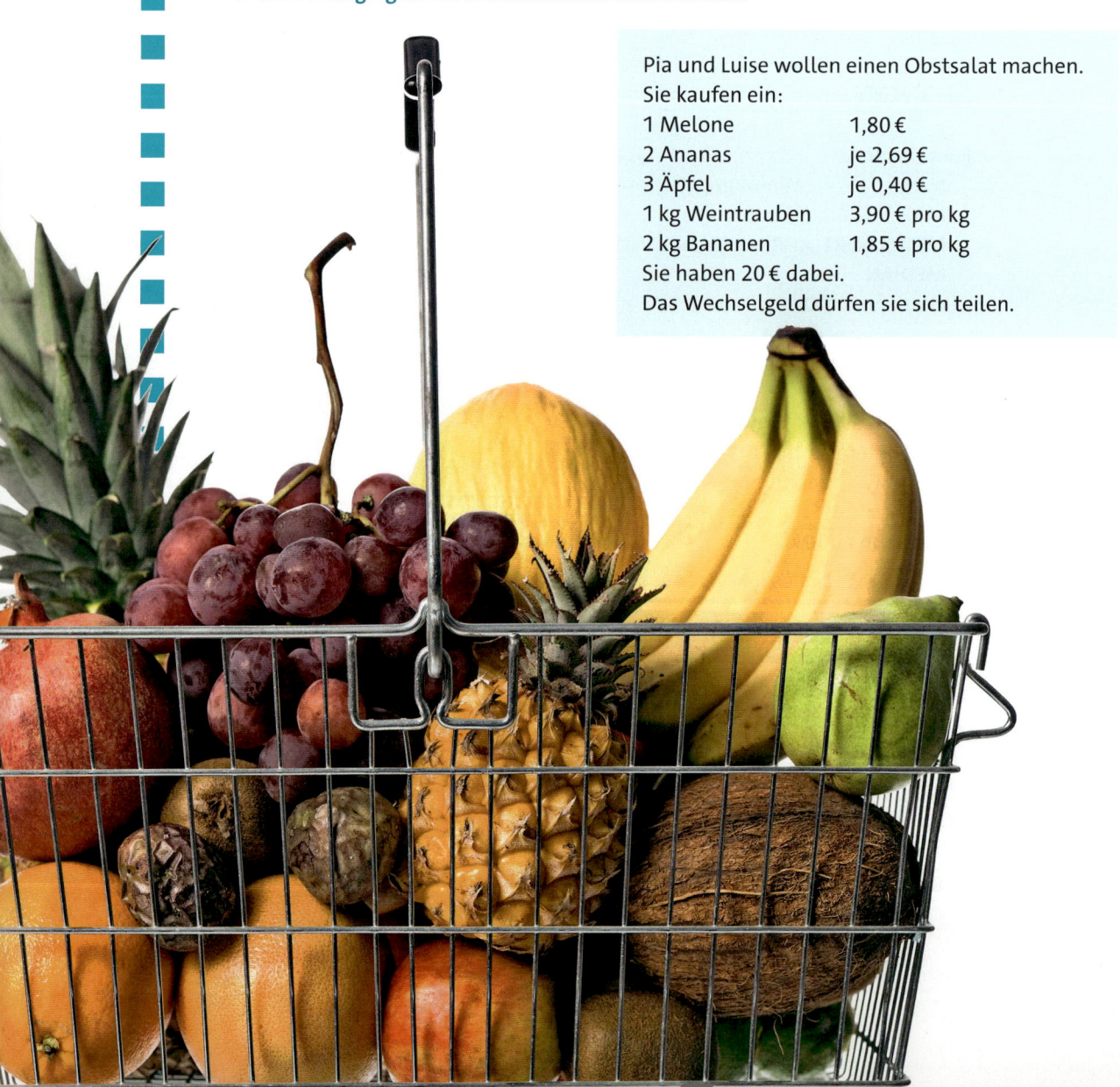

ANWENDEN

1 Rechne im Kopf.

a) 4,2 + 1,3   b) 1,5 + 1,6

c) 4,8 − 1,6   d) 3,4 − 1,5

Tipp zu a) 4,2 + 1,3

2 Übertrage ins Heft und addiere schriftlich.
Prüfe das Ergebnis mit einem Überschlag.

a)

E	z	h
2,	2	2
+ 3,	6	1

b)

Z	E	z	h
1	2,	3	4
+	3,	8	1
		1	

Tipp Runde für den Überschlag auf Ganze:
zu a) 2,22 + 3,61 ≈ 2 + 4 = ■

Bei 0; 1; 2; 3; 4 abrunden,
bei 5; 6; 7; 8; 9 aufrunden.

3 Übertrage ins Heft. Subtrahiere schriftlich.
Prüfe das Ergebnis mit einer Umkehraufgabe.

a)

E	z	h
5,	8	7
− 1,	2	3

b)

Z	E	z	h
4	5,	6	4
−	2,	3	7
		1	

Tipp Umkehraufgabe
zu a)

5,87 − 1,23 = ■ ist richtig,
weil ■ + 1,23 = 5,87

4 👥 Hier haben sich Fehler versteckt. Erklärt die Fehler und berichtigt sie.

a)

	3	2,	7	3
+		4,	6	1
	7	8,	8	3

b)

	8	4,	9	9
+	1	7,	3	5
	9	1,	2	4

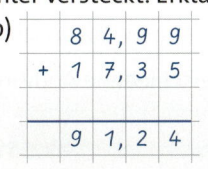

c)

	2	3,	6	2
−		5,	5	6
			1	1
	1	8	0	2

d)

	0,	9	7	5
−		0,		4
		1	1	
	0,	9	7	1

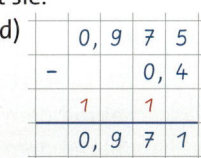

Hinweis
Prüfe dein
Ergebnis immer
mit einem
Überschlag
oder einer
Umkehraufgabe.

5 Schreibe Komma unter Komma.
Rechne dann schriftlich.

Tipp Bei c) und e) am Ende Nullen ergänzen.

	1	3,	8	6
−		3,	3	0

a) 12,4 + 7,3

b) 9,5 + 14,6

c) 5,84 + 46,2

d) 26,6 − 6,7

e) 22,5 − 13,47

Tipp Hier haben sich die Lösungen versteckt:

31,87   24,1   52,04   35,28   34,9
19,9   36,31   19,7   9,03

6 Wie viel kostet das zusammen?

Tipp Musst du addieren oder subtrahieren?

1,25 €   4,90 €

Tipp Achte auf Schlüsselwörter.

7 Hier fehlt mindestens ein Komma.

a) 12,3 + 3,4 = 157

b) 4,61 + 1213 = 16,74

c) 444 − 333 = 1,11

Tipp Bei a) und b) fehlt jeweils ein Komma,
bei c) fehlen zwei Kommas.

8 Übertrage und ergänze im Heft.
a) ■ + 1,2 = 4,8   b) ■ + 2,4 = 4,5
c) ■ − 6,2 = 8,4   d) ■ − 4,4 = 8,0

Tipp Umkehraufgabe
zu a) ■ + 1,2 = 4,8
weil 4,8 − 1,2 = ■

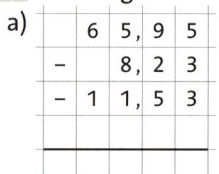

9 Wie viel kostet das zusammen?

Ananas	2,49 €
Blumenkohl	2,19 €
Wassermelone	8,95 €

Tipp Addiere **schrittweise:**
Addiere erst die Preise für Ananas und
Blumenkohl. Dann addiere zum Ergebnis
den Preis für die Wassermelone.

10 Addiere schriftlich.
Tipp Schreibe Komma unter Komma
a) 3,50 + 4,25 + 1,65
b) 12,34 + 1,52 + 7,26
c) 25,13 + 7,5 + 14,34

Tipp

		3,	5	0
+		4,	2	5
+		1,	6	5

Methode Mehrere Zahlen subtrahieren

	7,	8
−	2,	4
−	3,	1
	2,	3

Addiere die unteren Zahlen:
$1z + 4z = 5z$
Ergänze dann bis zur
obersten Zahl: $5z$ bis $8z \rightarrow 3z$
$3E + 2E = …$

11 Übertrage ins Heft und subtrahiere.
a)

	6	5,	9	5
−			8,	2	3
−		1	1,	5	3

b) 78,9 − 14,1 − 22,6
c) 66,49 − 11,65 − 30,53
d) 739,8 − 41 − 222,35
e) 248,9 − 8,704 − 72,31
f) 3704,88 − 0,963 − 78

12 👥 Setzt die Ziffern ein und bildet verschiedene Additions- und Subtraktionsaufgaben.
a) mit dem größten Ergebnis
b) mit dem kleinsten Ergebnis
c) mit einer natürlichen Zahl als Ergebnis
d) mit dem Ergebnis 11,11
e) Wie kann man die Ziffern vertauschen,
   sodass das Ergebnis gleich bleibt?

*Zum
Weiterarbeiten*
Denke dir eine
passende Sach-
aufgabe aus.
a) 12,50 + 3,99
b) 7,6 − 4,8
👥 Tauscht eure
Sachaufgaben
und berechnet.

Strategie Sachaufgaben lösen
① Gib die Aufgabe mit eigenen Worten
   wieder.
② Was ist **gegeben**? Was ist **gesucht**?
③ Schreibe die **Rechnung** auf.
   Achte auf **Schlüsselwörter**:
   Musst du addieren oder subtrahieren?
④ **Überprüfe** dein Ergebnis.
⑤ Denke an einen **Antwortsatz**.

13 Pia packt Bücher, Hefte und ihr Etui
in ihren Rucksack.
Der Rucksack wiegt
gepackt 3,42 kg.
Die Bücher wiegen 1,25 kg,
die Hefte 0,51 kg und
ihr Etui 0,42 kg.
Wie schwer ist
der leere Rucksack?

Tipp Achte auf die Schlüsselwörter.

14 Thomas bekommt neue Möbel:

Bett:	*Stuhl:*	*Schreibtisch:*
139,99 €	*65,50 €*	*179,00 €*

a) Was kostet das zusammen?
b) Thomas gibt an der Kasse 400 € ab.
   Wie viel Wechselgeld bekommt er zurück?

ANWENDEN

Hinweis
Eine Stellenwert-
tafel kann dir
helfen.

1 Berechne. Erkläre, wie du das Komma verschiebst.

a) 2,3428 · 10
2,3428 · 100
2,3428 · 1000

b) 5,907 · 10
5,907 · 100
5,907 · 1000

c) 2962,4 : 10
2962,4 : 100
2962,4 : 1000

d) 1305,482 : 10
1305,482 : 100
1305,482 : 1000

2 Multipliziere.

a) 2,58 · 10

b) 5,292 · 100

c) 78,652 · 100

d) 1,2769 · 1000

Tipp 7,459 · 100

> · 100   2 Nullen, also
> das Komma 2 Stellen nach rechts

3 Dividiere.

a) 36,53 : 10

b) 973,5 : 100

c) 7120,29 : 100

d) 4234,81 : 1000

Tipp 6974,2 : 100

> : 100   2 Nullen, also
> das Komma 2 Stellen nach links

4 👥 Beschreibt die Fehler und berichtigt sie im Heft.

a) *83,242 · 10 = 8324,2*

b) *4556,267 · 1000 = 4,556267*

c) *12,3 · 1000 = 123*

d) *85,6 : 100 = ,856*

5 Berechne.
Tipp Hier musst du Nullen ergänzen
bei · hinten, bei : vorne.

a) 12,5 · 100

b) 169,1 · 1000

c) 5,2 : 10

d) 78,99 : 1000

Tipp   12,5 · 100 = 12,50 · 100
5,2 : 10   = 05,2   : 10

6 Berechne die Preise.

a) Wie viel kosten
100 Hefte?

b) Wie viel kostet
eine Patrone?

Tipp Multiplizieren oder dividieren?

Stück
1,49 €

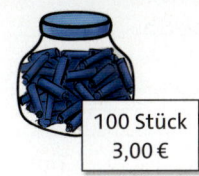

100 Stück
3,00 €

7 Übertrage und ergänze im Heft.
Beschreibe dein Vorgehen.

a) 9,32 —·10→ ■

b) 61,8 —:10→ ■

c) 12,778 —·100→ ■

d) 726,25 —:100→ ■

e) 2,45 —■→ 24,5

f) 80,2 —:■→ 8,02

Tipp 2,45 —·■→ 24,5

> Mit welcher Stufenzahl muss
> ich 2,45 multiplizieren, damit
> 24,5 herauskommt?

8 Übertrage und ergänze die Tabelle.
Tipp Multiplizieren oder dividieren?

·	10	100	1000
a) 3,2584			
b)	753,74		

:	10	100	1000
c) 448,71			
d)	26,63		

Tipp

·	10	100	1000
a) 3,2584			
b)	753,74		

> Welche Zahl muss ich mit
> 10 multiplizieren, damit
> 753,75 herauskommt?

ANWENDEN

1 Multipliziere im Kopf.

Tipp ① ohne Komma multiplizieren
② Komma im Ergebnis setzen

a) 2 · 3,4
b) 3 · 2,1
c) 4 · 1,7
d) 6 · 0,9

2 Ergänze das Komma im Ergebnis.

a) 12 · 0,4 = 48
b) 2,5 · 5 = 125
c) 16 · 0,21 = 336
d) 3,467 · 6 = 20802

3 Multipliziere schriftlich.
Prüfe dein Ergebnis mit einem Überschlag.

a) 2,3 · 13
b) 2,1 · 15
c) 16 · 4,8
d) 42,7 · 11
e) 1,43 · 18
f) 3,84 · 21

4 Berechne jeweils den Gesamtpreis.

		Anzahl	Einzelpreis
a)	Schokolade	3	1,15 €
b)	Kekse	5	3,21 €
c)	Lutscher	4	0,59 €

5 Eine Eintrittskarte für das Museum kostet 6,99 €.
Berechne den Preis einmal für die Klasse 6 a und einmal für die Klasse 6 b.

a) 6 a: 32 Schüler
b) 6 b: 29 Schüler

6 Was meint Tina damit? Erkläre.

Aber da fehlt doch die Nachkommastelle.

5 · 0,2 = 1

7 Multipliziere.
Tipp Achte auf die Nachkommastellen.

a) 4 · 0,5
b) 4 · 0,25
c) 5 · 0,4
d) 5 · 0,12

8 Eine Holzleiste ist 2,65 m lang.
Laurin klebt 7 Holzleisten zusammen.
Stelle eine sinnvolle Frage.
Beantworte sie.

Tipp 3 · 2,1
① 3 · 21 = 63
② Wie viele Nachkomma-stellen gibt es?

1 Nach-kommastelle

3 · 2,**1**

3 · 2,**1** = 6,**3**

… also auch 1 Nachkomma-stelle im Ergebnis

Tipp
Wie viele Nachkommastellen gibt es?
Das Ergebnis hat genauso viele Nachkommastellen.

Tipp Runde für den Überschlag auf Ganze:
zu a) 2,3 · 13 ≈ 2 · 13 = ■

Tipp Einzelpreis · Anzahl = Gesamtpreis

Tipp Multipliziere die beiden Zahlen.

Tipp

0,	5	·	2
		1,	0

Tipp Wie viele Nachkommastellen gibt es?
Zähle auch die Nullen mit.

Tipp Frage:
gegeben: gesucht:
Rechnung:
Antwortsatz:

9 Gib die Ergebnisse an, ohne zu rechnen.

Tipp $4 \cdot 3 = 12$

$0{,}4 \cdot 0{,}3 = 0{,}12$

a) $6 \cdot 2 = 12$
$6 \cdot 0{,}2$
$6 \cdot 0{,}02$

b) $7 \cdot 5 = 35$
$7 \cdot 0{,}5$
$7 \cdot 0{,}05$

Tipp Achte auf die Anzahl der Nachkommastellen.

10 Ergänze das Komma im Ergebnis.

a) $2{,}1 \cdot 0{,}5 = 105$
b) $4{,}3 \cdot 2{,}2 = 946$
c) $12{,}1 \cdot 8{,}1 = 9801$
d) $20{,}5 \cdot 10{,}15 = 208075$

Tipp Wie viele Nachkommastellen haben beide Dezimalzahlen zusammen?

11 Multipliziere im Kopf.

a) $0{,}6 \cdot 0{,}4$
c) $1{,}4 \cdot 0{,}3$

b) $1{,}1 \cdot 0{,}3$
d) $0{,}9 \cdot 1{,}4$

Tipp Multipliziere zunächst ohne Komma und setze dann das Komma.

12 Multipliziere schriftlich.
Prüfe dein Ergebnis mit einem Überschlag.

a) $1{,}9 \cdot 2{,}1$
c) $1{,}1 \cdot 8{,}9$
e) $9{,}9 \cdot 1{,}1$
g) $0{,}96 \cdot 2{,}5$

b) $3{,}1 \cdot 1{,}8$
d) $1{,}3 \cdot 2{,}4$
f) $1{,}6 \cdot 1{,}63$
h) $2{,}73 \cdot 10{,}1$

Tipp Runde für den Überschlag auf Ganze.
zu a) $1{,}9 \cdot 2{,}1 \approx 2 \cdot 2 = \blacksquare$

13 👥 Hier haben sich Fehler versteckt. Erklärt die Fehler und berichtigt sie.

a)

5	,	8	·	2	,	4
		1	1	6		
+		2	3	2		
	1	3	9	,	2	

b)

6	,	2	·	3	,	5
		1	8	6		
+		3	1	0		
		1				
	2	,	1	7		

c)

0	,	4	1	·	0	,	7
						0	
+			2	8	7		
		,	2	8	7		

d)

4	,	1	·	2	,	0	5
					8	2	
+			2	0	5		
	1	,	0	2	5		

Methode Achte auf die Nullen.
Manchmal muss man im Ergebnis vorne
Nullen ergänzen:

0	,	5	3	2	·	0	,	8	9
			4	2	5	6			
+			4	7	8	8			
				1	1				
	0	,	4	7	3	4	8		

5 Nachkomma-stellen ... also auch im Ergebnis

15 Multipliziere schriftlich.

Tipp Ergänze im Ergebnis vorne Nullen.

a) $0{,}2 \cdot 0{,}17$
c) $0{,}5 \cdot 0{,}39$
e) $0{,}31 \cdot 0{,}25$

b) $0{,}3 \cdot 0{,}41$
d) $0{,}18 \cdot 0{,}3$
f) $0{,}42 \cdot 0{,}55$

14 Berechne.
Achte auf die Nullen im Ergebnis.

a) $0{,}43 \cdot 0{,}87$
c) $0{,}6 \cdot 0{,}347$
e) $0{,}436 \cdot 0{,}49$

b) $1{,}8 \cdot 0{,}015$
d) $0{,}403 \cdot 2{,}1$
f) $0{,}56 \cdot 0{,}537$

Hier haben sich die Lösungen versteckt:

0,2082	0,8463	0,30072	0,3741
0,027	0,2109	0,0471	0,21364

Tipp Achte auf die Anzahl der Nachkommastellen.

16 Berechne den Gesamtpreis.
Tipp Gewicht · Preis pro kg

	Gewicht	Preis pro kg	Gesamtpreis
a)	1,5 kg	2,60 €	
b)	10,21 kg	3,00 €	
c)	0,6 kg	1,50 €	

Tipp zu

a)	1,	5	·	2,	6	0
+						

17 Alexandra kauft 1,2 kg Blumenkohl.
Wie viel kostet der Blumenkohl insgesamt?
Tipp Runde sinnvoll.

Tipp Gibt es 1,756 €?
Runde sinnvoll.

1 kg
2,99 €

1,2 kg

Zum Weiterarbeiten
🏳 *Es gibt noch weitere Einheiten, die im Ausland anders sind.*
👥 *Informiert euch im Internet darüber.*

18 Man gibt die Größe von Bildschirmen oft in Zoll an.
1 Zoll ist 2,54 cm lang.
Berechne die Länge in Zentimeter.

Tipp 1 Zoll = 1 · 2,54 cm
■ Zoll = ■ · 2,54 cm

①  10 Zoll

②  19,3 Zoll

③  6 Zoll

④  12 Zoll

19 Berechne vorteilhaft.
Tipp Tausche vorher zwei Zahlen.
a) 2 · 3,7 · 0,5   b) 2,5 · 0,6 · 2
c) 4 · 4,9 · 0,25   d) 0,2 · 6,3 · 5

Tipp Welche Zahlen sind einfach zu multiplizieren?
Tausche so, dass sie nebeneinander stehen.

20 Berechne vorteilhaft.
Tipp 4,2 · 30
= 4,2 · 10 · 3   a) 1,2 · 40
= 42 · 3   b) 4,2 · 200
= <u>126</u>   c) 0,8 · 500

Tipp Wenn man mit einer Stufenzahl multipliziert, muss man nur das Komma verschieben.

21 Welche Aufgaben haben das gleiche Ergebnis?
a) 👥 Was fällt euch auf?
b) 👥 Wie darf man bei der Multiplikation das Komma verschieben?

753,6 · 0,144   75,36 · 1,44   3,675 · 41

7,536 · 14,4   36,75 · 4,1   64,13 · 0,73

3367,5 · 0,41   0,6413 · 73   6,413 · 7,3

ANWENDEN

1 Dividiere im Kopf.

a) 12,6 : 6   b) 15,5 : 5

c) 36,9 : 9   d) 8,88 : 4

Tipp

① ohne Komma dividieren

② Komma im Ergebnis setzen

2 Dividiere schriftlich.

a) 14,4 : 4   b) 28,5 : 5

c) 19,2 : 8   d) 16,8 : 3

e) 15,6 : 6   f) 29,4 : 3

Tipp Sobald man über das Komma geht, setzt man ein Komma im Ergebnis.

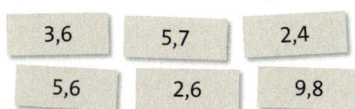

3,6   5,7   2,4   5,6   2,6   9,8

3 Dividiere schriftlich.

Prüfe dein Ergebnis mit der Umkehraufgabe.

a) 37,8 : 6   b) 31,2 : 4

c) 76,5 : 9   d) 30,65 : 5

e) 22,75 : 7   f) 39,33 : 9

Tipp

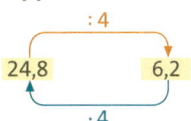

: 4

24,8   6,2

· 4

24,8 : 4 = 6,2 ist richtig, weil 6,2 · 4 = 24,8 ist.

4 Welches Ergebnis stimmt? Begründe.

Tipp Runde so, dass du einfach rechnen kannst: 22,75 : 7 ≈ 21 : 7 = 3

a) *11,7 : 3*   *39*   *3,9*   *0,39*

b) *25,86 : 6*   *4,31*   *43,1*   *431*

Tipp 22,75 : 7 = 325

Überschlag: 21 : 7 = 3

Das Ergebnis kann also stimmen:

22,75 : 7 = 3,25

5 Die Klasse 6 a mit 20 Schülern plant einen Klassenausflug in den Kletterpark. An der Kasse zahlen sie für die 20 Eintrittskarten 249,80 €. Wie viel kostet eine Eintrittskarte?

Tipp Denk beim Antwortsatz an die Einheit.

Tipp gegeben:

gesucht:

Rechnung:

Antwortsatz:

6 Berechne das Gewicht von einem Sack.

Tipp

a)	29,2 kg Mehl	aufgeteilt auf 4 Säcke
b)	53,4 kg Mehl	aufgeteilt auf 6 Säcke
c)	83,7 kg Mehl	aufgeteilt auf 9 Säcke
d)	86,8 kg Mehl	aufgeteilt auf 7 Säcke

29,2 kg

7 👥 Hier haben sich Fehler versteckt. Erklärt die Fehler und berichtigt sie.

a)

```
  2 6 , 2 2 : 6 = 4 3 7
- 2 4
    2 2
  - 1 8
      4 2
    - 4 2
        0
```

b)

```
  4 , 3 5 : 5 = 8 7
- 0
  4 3
- 4 0
    3 5
  - 3 5
      0
```

5 passt nicht in 4, darum sofort 43

8 Dividiere schriftlich.
Tipp Vorsicht beim ersten Rechenschritt.
a) 2,16 : 3 b) 3,22 : 7
c) 0,52 : 4 d) 0,84 : 6

Tipp erster Rechenschritt zu a)
2,16 : 3

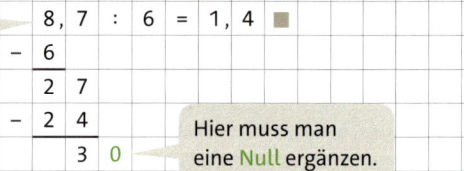

Passt 3 in 2?
Nein, deswegen
im Ergebnis 0, eintragen.

Methode Nullen ergänzen
Manchmal reichen die Nachkomma-
stellen bei der ersten Zahl nicht.
Dann muss man hinter der letzten
Nachkommastelle eine Null ergänzen und
weiterrechnen.
Das kann man so oft wiederholen, bis man
fertig ist.

8,7 = 8,70

9 Erkläre und ergänze die Division im Heft.

```
8, 7 : 6 = 1, 4 ■
- 6
  2 7
- 2 4
    3 0
```

Hier muss man
eine Null ergänzen.

10 Dividiere schriftlich.
Tipp Ergänze so viele Nullen hinter dem
Komma, wie du brauchst.
a) 5,8 : 4 b) 6,4 : 5
c) 15,8 : 5 d) 17,1 : 6
e) 34,8 : 8 f) 37,1 : 5

Tipp Ergänze mehrere Nullen hinter
der ersten Zahl:

```
5, 8 0 0 0 : 4 =
- 4
```

Hinweis
*Verschiebe das
Komma bei
beiden Zahlen
immer um gleich
viele Stellen.*

11 Ergänze das Komma bei der orangenen
Zahl so, dass das Ergebnis 1,5 gleich bleibt.
1,9815 : 1,321 = 1,5
19815 : 13,21 = 1,5
19815 : 132,1 = 1,5
19815 : 1321 = 1,5

Tipp Um wie viele Stellen wurde das Komma
bei der zweiten Zahl nach rechts verschoben?
Verschiebe das Komma bei der ersten Zahl
genauso.
Dann ändert sich das Ergebnis nicht.

12 Welche Aufgaben haben
das gleiche Ergebnis?
Begründe deine Antwort.

0,656 : 0,04   656 : 40   6,56 : 0,4   65,6 : 40
65,6 : 4   0,00656 : 0,004   656 : 400   0,656 : 0,4

13 Dividiere im Kopf.
Tipp Verschiebe vorher das Komma bei
beiden Zahlen.
a) 1,8 : 0,3 b) 3,6 : 0,4
c) 2,8 : 0,7 d) 3,2 : 0,2

Tipp zu a) 1,8 : 0,3

Ich verschiebe das Komma,
damit es wegfällt.

Dann muss ich das Komma genauso
bei der 1. Zahl verschieben.

14 Dividiere schriftlich.
Tipp ① Komma verschieben
② schriftlich dividieren
a) 14,6 : 0,2 b) 10,12 : 0,8
c) 21,846 : 0,6 d) 1,589 : 0,07
e) 2,5959 : 0,03 f) 347,48 : 1,4

Tipp Verschiebe das Komma bei beiden
Zahlen um gleich viele Stellen.

Lösungswort: N 22,7   G 86,53   O 73
R 12,65   E 248,2   A 36,41

15 Bilde eigene Divisionsaufgaben aus den Kärtchen.
Prüfe mit der Umkehraufgabe.

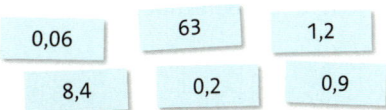

| 1239,84 | 4,8384 | 2392,74 |
| 665,28 | 274,68 | |

| 0,06 | 63 | 1,2 |
| 8,4 | 0,2 | 0,9 |

**Methode Nullen ergänzen
beim Verschieben des Kommas**
Manchmal reichen die Nachkommastellen
bei der ersten Zahl nicht,
um das Komma zu verschieben.
Dann muss man Nullen ergänzen.

16 Erkläre und ergänze die Division im Heft.

$$2\ 4,8 : 0,0\ 8$$

24,8 = 24,80

$$2\ 4\ 8\ 0 : 8 =$$

17 Dividiere schriftlich.
a) 12,6 : 0,03   b) 86,1 : 0,007
c) 272 : 0,08   d) 8,4 : 0,012

Tipp Ergänze immer zwei Nullen
bei der ersten Zahl.

18 Übertrage und ergänze im Heft.
Beschreibe dein Vorgehen.
a) ■ : 0,9 = 3   b) 2,4 : ■ = 4
c) ■ : 1,2 = 5   d) 0,72 : ■ = 0,9

Tipp Umkehraufgabe
zu a) ■ : 0,9 = 3,
weil 3 · 0,9 = ■

: 0,9

■   3

· 0,9

19 Die Klasse 6 d verreist mit dem Zug
auf Klassenfahrt.
Ein Zugticket kostet 9,50 €.
Für alle Schüler der Klasse 6 d kostet
die Zugfahrt insgesamt 256,50 €.
Wie viele Schüler sind in der Klasse?
Tipp Denke an einen Antwortsatz.

Tipp gegeben:
gesucht:
Rechnung:
Antwortsatz:

20 Frau Lamprecht kauft 4,5 kg Kartoffeln.
Sie bezahlt
insgesamt 2,97 €.
Wie viel kostet 1 kg
Kartoffeln?
Berechne.

Tipp Musst du 4,5 : 2,97 oder 2,97 : 4,5
rechnen?

21 Rechnet vorteilhaft.
a) 👥 Beschreibt und vergleicht
euer Vorgehen.
b) 👥 Wie ändert sich
das Ergebnis, wenn man
bei der Division das Komma
unterschiedlich verschiebt?

① 8,712 : 4
87,12 : 0,04
8712 : 40
0,8712 : 0,4
871,2 : 4

217,8
2,178
217,8
2178
2,178

② 24,18 : 6   4,03
241,8 : 0,6
2418 : 60
2,418 : 6
0,2418 : 0,06

4,03

ANWENDEN

1 Welche Aufgabe gehört zum Rechenbaum? Begründe. Berechne dann.

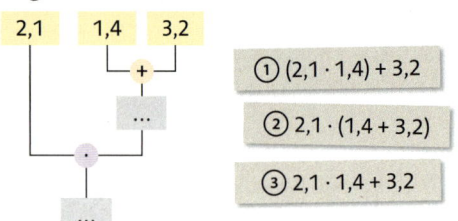

① (2,1 · 1,4) + 3,2

② 2,1 · (1,4 + 3,2)

③ 2,1 · 1,4 + 3,2

Tipp Achte auf die Klammer.

---

2 Berechne.
Tipp Punkt-vor-Strich-Regel
a) 3,2 + 2,1 · 6
b) 1,8 · 2 + 2,2
c) 7,7 − 1,5 · 3
d) 5,5 · 2,1 − 3,4

Tipp Schreibe so: 4,2 + 1,3 · 2

= 4,2 + 2,6

= 6,8

---

3 Berechne.
Tipp Zuerst Klammern, dann Punkt vor Strich
a) (3,4 + 3,6) : 3,5
b) 6 · (3,7 − 2,6) − 2,2
c) 10 − 2,5 · 3 + 4,5
d) 5 · (1,2 + 3,2) − 5 : 2
Lösungen: 19,5; 4,4; 2; 7

Tipp Schreibe so:

6 · (3,7 − 2,6) − 2,2 ① Klammern zuerst

= 6 · ▪ − 2,2 ② Punkt vor Strich

= ▪ − 2,2 ③ von links nach rechts

= ▪

---

4 Vertausche und rechne vorteilhaft.
Tipp 3,7 + 2,6 + 1,3
     2,6 ⏐ 3,7 ⏐ 1,3
= 2,6 + (3,7 + 1,3)
= 2,6 + 5
= 7,6

a) 1,8 ⏐ 4,7 ⏐ 2,2
b) 4,6 + 5,9 + 3,4
c) 2,5 · 3 · 4
d) 0,2 · 3,5 · 5

Tipp
① Welche Zahlen sollen nebeneinander stehen? Vertausche.
② Was möchtest du zuerst rechnen? Setze darum Klammern.

---

5 Zerlege und rechne vorteilhaft.
Tipp 0,3 · 20
= 0,3 · 10 · 2
= (0,3 · 10) · 2
= 3 · 2 = 6

a) 0,8 · 40
b) 1,2 · 70
c) 0,09 · 300
d) 0,006 · 5000

Tipp Zerlege die Zahl in eine Multiplikation mit einer Stufenzahl (10, 100, 1000). Dann musst du nur das Komma nach rechts verschieben.

---

6 Welche Klammern sind nicht notwendig?
a) (4,2 + 1,3) · 3 = 16,5
b) 9,9 − (2 · 3,7) = 2,5
c) 4,8 · (5 − 2,5) = 12

Tipp Rechne einmal mit und einmal ohne Klammern.
Ist das Ergebnis gleich?
Dann ist die Klammer nicht notwendig.

---

7 Nora geht zum Bäcker.
Sie kauft 3 Brötchen für je 0,25 €,
4 Stück Kuchen für je 1,20 € und
6 Brezel für je 0,70 €.
Sie zahlt mit einem 10-€-Schein.
Wie viel Geld bekommt sie zurück?

Tipp gegeben:
gesucht:
Rechnung:
Antwortsatz:

Strategie Lösungshilfen zu Sachaufgaben

Ein Güterzug hat insgesamt 8 Wagons.
Jeder Wagon kann mit höchstens 20,5 t beladen werden.
Ein Wagon hat gar keine Ladung.
Drei der Wagons sind nur zur Hälfte beladen.
Die restlichen Wagons sind voll beladen.
Wie viele Tonnen hat der Zug geladen?

Bevor man anfängt zu rechnen, ist es hilfreich, sich einen Überblick über die Sachaufgabe zu verschaffen.
Dabei gibt es verschiedene Lösungshilfen.

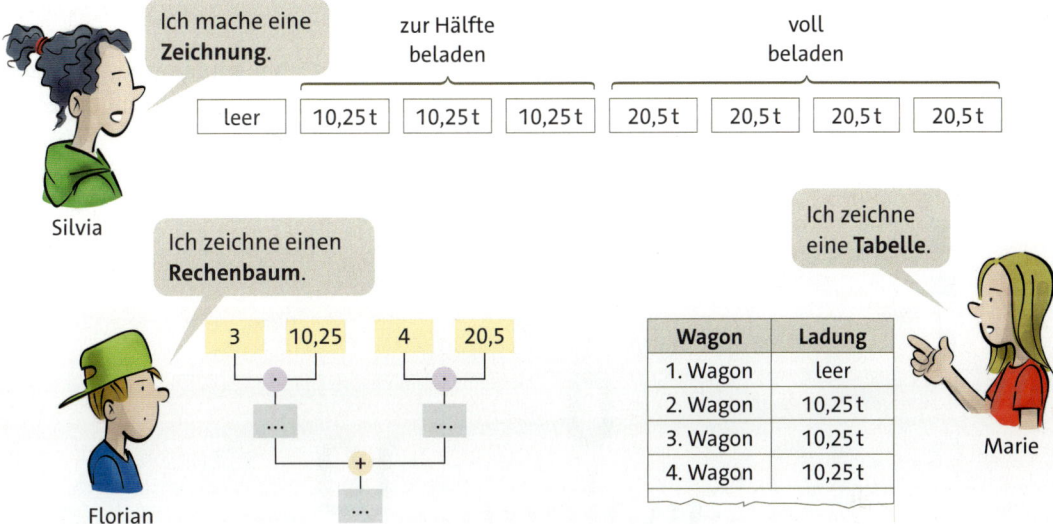

Ich mache eine **Zeichnung**.

Silvia

	zur Hälfte beladen			voll beladen			
leer	10,25 t	10,25 t	10,25 t	20,5 t	20,5 t	20,5 t	20,5 t

Ich zeichne einen **Rechenbaum**.

Florian

3   10,25   4   20,5
...   ...
+
...

Ich zeichne eine **Tabelle**.

Marie

Wagon	Ladung
1. Wagon	leer
2. Wagon	10,25 t
3. Wagon	10,25 t
4. Wagon	10,25 t

ANWENDEN

1 Silvia, Florian und Marie haben verschiedene Lösungshilfen benutzt.
a) 👥 Erklärt euch gegenseitig die Lösungshilfen der Kinder.
b) Suche dir eine Lösungshilfe aus und löse die Aufgabe.

2 Frau Weber kauft insgesamt vier Tüten mit Brötchen:
zwei Tüten mit jeweils 6 Brötchen,
eine Tüte mit 4 Brötchen und
eine Tüte mit 2 Brötchen.
Wie viele Brötchen kauft sie insgesamt?

Tipp Mache eine Zeichnung, zeichne einen Rechenbaum oder eine Tabelle

3 Tina baut für ihre Hasen zwei neue Ställe.
Für den einen Stall braucht sie 15 m Zaun.
Für den anderen Stall braucht sie nur die Hälfte Zaun.
1 m Zaun kostet im Baumarkt 2,40 €.
Zusätzlich kauft Tina Futter für 4,99 €.
Wie viel muss Tina bezahlen?

Tipp gegeben:
gesucht:
Rechnung:
Antwortsatz:

Ganze Zahlen

In diesem Kapitel lernst du, …

→ negative und positive Zahlen zu erkennen.
→ ganze Zahlen zu ordnen und dabei die Zahlengerade zu nutzen.
→ ganze Zahlen zu addieren und subtrahieren.
→ mit ganzen Zahlen im Koordinatensystem zu arbeiten.

Die höchste in Deutschland gemessene Temperatur lag bei über 42 °C.
Die niedrigste in Deutschland gemessene Temperatur lag bei unter −37 °C.
Wasser gefriert bei 0 °C.
Warum gibt es eigentlich bei Temperaturen die Vorzeichen + und −?
Welche Temperatur zeigt das Thermometer an?

ANWENDEN

1 Warum braucht man negative Zahlen? Erkläre mithilfe der Bilder.

① ② ③ ④

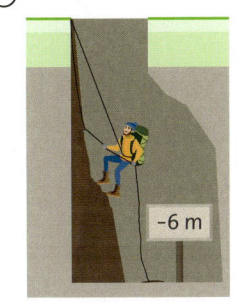

Kontoauszug

Alter Kontostand	300 €
Miete	−450 €
Neuer Kontostand	−150 €

2 Positiv oder negativ? Ordne zu.

−

+25 °C   −5 °C   +19 °C

−10 °C   −8 °C   +9 °C

+

Tipp Positiv: +
Negativ: −

Strategie Schlüsselwörter für Vorzeichen

Es gibt wichtige Wörter, an denen du erkennst kannst, ob eine Zahl ein positives oder negatives Vorzeichen hat. Schlüsselwörter sind z. B.

positiv: plus, über, hoch, Guthaben
negativ: minus, unter, tief, Schulden

3 Setze im Heft das richtige Vorzeichen ein.

a) 15 °C unter null   ▪ 15 °C
b) 123 € Guthaben   ▪ 123 €
c) 3. Untergeschoss   ▪ 3
d) 45 m tief   ▪ 45 m
e) 22 °C über null   ▪ 22 °C
f) 50 € Schulden   ▪ 50 €
g) minus 7 °C   ▪ 7 °C

4 Positiv oder negativ?
Schreibe mit dem richtigen Vorzeichen.
a) Am Nordpol waren es heute 50 °C unter null.
b) Im letzten Juli war es 40 °C heiß.
c) Das Wrack der Titanic liegt 3800 m tief.
d) Die Zugspitze ist 2962 m hoch.

Tipp Schlüsselwörter:
a) unter
b) heiß
c) tief
d) hoch

5 Beschreibe das Bild.
Wo findest du positive Zahlen, wo negative?

Tipp Der Kaffee ist ▪ °C warm.
Die Temperatur ist positiv.

ANWENDEN

1 Lies die Zahlen vom Thermometer ab.

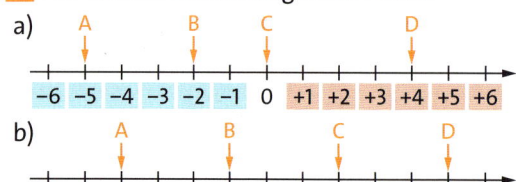

Tipp Achte auf die Vorzeichen:
+ oder – ?

2 Auf welche Zahlen zeigen die Pfeile?

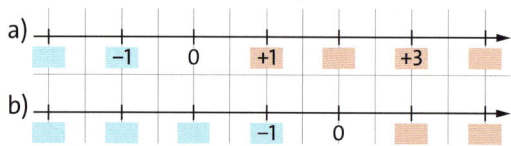

Tipp Die Zahlen unter der Zahlengeraden
teilen die Zahlengerade gleichmäßig ein.
a) Lies die Zahlen ab.
b) Ergänze die Beschriftung und lies ab.

3 Ergänze die Beschriftung im Heft.

Tipp Achte auf die 0:
Die Zahlen links von der 0 sind negativ.
Die Zahlen rechts von der 0 sind positiv.

4 Daniela hat zwei Zahlengeraden gezeichnet, dabei sind ihr Fehler unterlaufen.
Beschreibe, welche Fehler Daniela gemacht hat. Berichtige im Heft.

5 Ordne die Zahlen an einer Zahlengeraden.

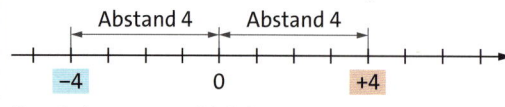

Tipp Zeichne eine Zahlengerade von -4 bis +4.

6 Schreibe die Zahl und ihre Gegenzahl auf.
+5; –8; –16; +100

Tipp –3 ist die Gegenzahl von +3, da beide
den gleichen Abstand zur 0 haben.

Info Der Betrag
Der Abstand zur Null heißt Betrag.

Der Betrag von −4 ist 4.
Man schreibt: |−4| = 4

7 Notiere den Betrag der Zahl.
Tipp |+4| = 4
a) −42   b) +72   c) +54
d) −122   e) −89   f) −7

8 Welche Zahlen haben den Betrag?
a) 78   b) 5   c) 135

Hinweis
Das „+" kann
man auch
weglassen.

9 Vergleiche. Setze ein: <, > oder =.
a) +9 ▦ −9   b) 0 ▦ +4
c) +10 ▦ −10   d) −10 ▦ −2
e) +2 ▦ +10   f) +5 ▦ 0

Tipp Überlege dir, wo die Zahlen auf der
Zahlengerade stehen. Je weiter rechts sie
stehen, desto größer sind sie.

ANWENDEN

1 Zunahme oder Abnahme? Begründe.

Tipp Wird es mehr oder wird es weniger?

a) Der Fahrstuhl fährt 5 Etagen nach oben.

b) Der Fahrstuhl fährt 2 Etagen nach unten.

c) Die Temperatur nimmt um 2 °C ab.

d) Die Temperatur nimmt um 5 °C zu.

Tipp Schlüsselwörter:

a) oben

b) unten

c) nimmt ab

d) nimmt zu

2 Nimmt die Temperatur zu oder ab?
Schreibe die neue Temperatur auf.

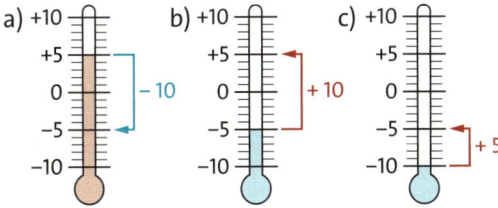

Tipp

Rechenzeichen +: Zunahme

Rechenzeichen −: Abnahme

3 Schreibe die Rechnung als Pfeilbild.

Tipp $-5 \xrightarrow{+7} +2$ $-2 \xleftarrow{-8} +6$

a)

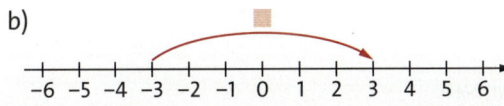

b)

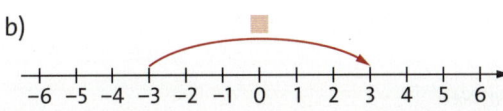

c)

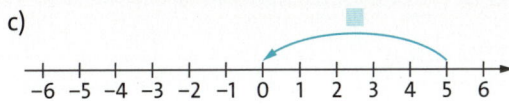

d)

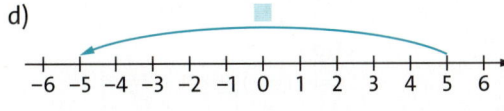

Tipp

a) $0 \xrightarrow{+\blacksquare} \blacksquare$

b) $-3 \xrightarrow{+\blacksquare} \blacksquare$

c) $\blacksquare \xleftarrow{-\blacksquare} 5$

d) $\blacksquare \xleftarrow{-\blacksquare} 5$

Strategie Vor- und Rechenzeichen

Das **Vorzeichen** gibt an, ob eine Zahl positiv oder negativ ist: Es ist **+1 °C**.

Das **Rechenzeichen** gibt eine Veränderung an: Die Temperatur ändert sich um −5 °C.

4 Wo findest du Vorzeichen?
Wo Rechenzeichen? Erkläre.

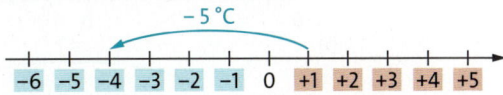

Hinweis

Nicht immer steht das Rechenzeichen im Text. Achte auf Schlüssel-wörter.

5 Ordne zu. Wo findest du jeweils Vorzeichen, wo Rechenzeichen?

a) Es sind +4 °C.
   Die Temperatur ändert sich um −6 °C.
   Jetzt sind es −2 °C.

b) Es ist 6 °C wärmer geworden.
   Vorher waren es −4 °C, jetzt sind es +2 °C.

c) Die Temperatur sinkt von 6 °C
   um 4 °C auf 2 °C.

① $-4\,°C \xrightarrow{+6\,°C} +2\,°C$

② $-2\,°C \xleftarrow{-6\,°C} +4\,°C$

③ $+2\,°C \xleftarrow{-4\,°C} +6\,°C$

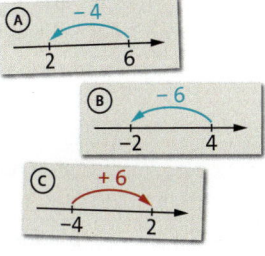

6 Stelle die Rechengeschichte an einer Zahlengeraden dar.
Der Fahrstuhl ist in der Etage **–1**.
Er fährt **4 Etagen nach oben**.
Der Fahrstuhl ist jetzt in der Etage **3**.

Tipp $-1 \xrightarrow{\;+4\;} +3$

7 Schreibe jeweils eine Rechengeschichte.

a)
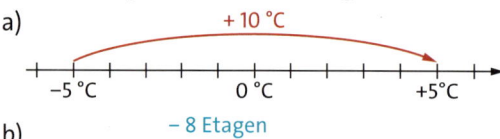

b)
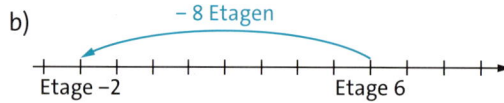

c) 👥 Erfindet eigene Rechengeschichten und löst sie gegenseitig.

Tipp
a) Am Morgen sind es ■.
   Bis zum Mittag ▬▬ die Temperatur um ■.
   Dann sind es ■.
b) Der Fahrstuhl ist in der Etage ■.
   ...

8 Ergänze die Lücken im Heft.

a) $-3\,°C \xrightarrow{\;+5\,°C\ wärmer\;}$ ■

b) $-5\,°C \xrightarrow{\;+2\,°C\ wärmer\;}$ ■

c) ■ $\xleftarrow{\;-10\,°C\ kälter\;} +6\,°C$

d) ■ $\xleftarrow{\;-3\,°C\ kälter\;} -1\,°C$

Tipp
wärmer: gehe nach rechts
kälter: gehe nach links

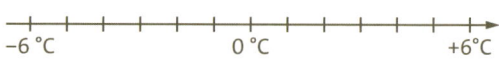

9 Ergänze die Tabelle im Heft.

alter Wert	Änderung	neuer Wert
–5 m	+5 m	
–3 °C	+8 °C	
5 Punkte	–6 Punkte	
–3 m	–4 m	

Tipp Eine Zahlengerade kann helfen.

Hinweis
Vorzeichen
$-2 + 4,5 = +2,5$
Rechenzeichen

10 Welche Rechnung gehört zur Zahlengeraden?

① $-4 - 3 = -7$ ② $-3 + 7 = +4$
③ $+4 - 7 = -3$ ④ $-4 + 3 = +1$

a)
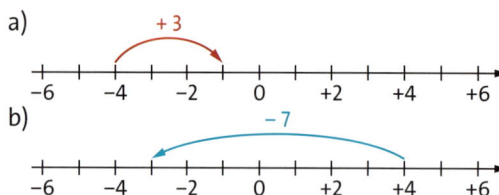

Tipp
Beispiel: $-2 + 8 = +6$

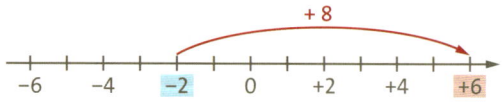

11 Schreibe als Rechnung und löse.
a) Arne steigt in Etage –2 in den Fahrstuhl.
   Er fährt 4 Etagen nach oben.
b) Es sind 5 °C.
   Über Nacht wird es 9 °C kälter.
c) Auf dem Konto sind –20 €.
   Es werden 50 € eingezahlt.

Tipp zu a)
Arne steigt in Etage **–2** in den Fahrstuhl.
Er fährt **4 Etagen nach oben**.
Rechnung: $-2 + 4 =$ ■

ANWENDEN

1 Welcher Punkt gehört zu den Koordinaten?

① (+3|+1)   ② (+3|−1)   ③ (+5|−4)
④ (−2|−2)   ⑤ (−2|+2)   ⑥ (−5|+4)

Tipp
erst nach rechts oder links,
dann nach oben oder unten

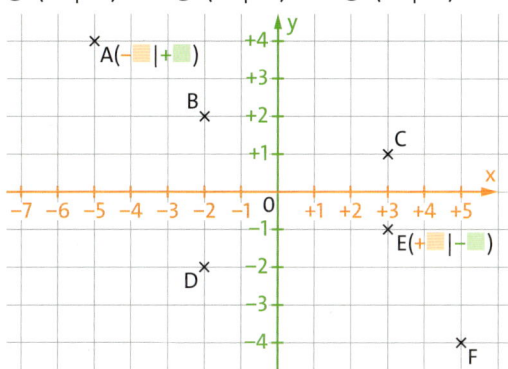

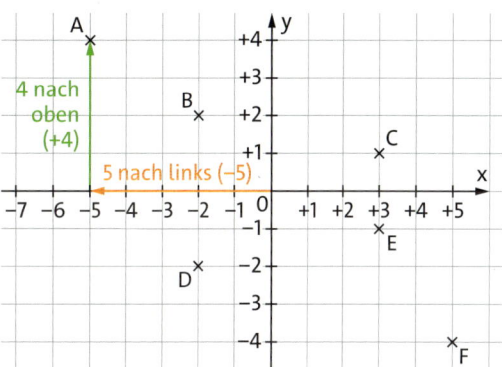

2 Welche Koordinaten haben die Punkte?
Tipp A(+3|■): 3 nach rechts und +■ nach oben

Tipp
A(+3|■) Lies an der y-Achse ab.
B(■|+3) Lies an der x-Achse ab.

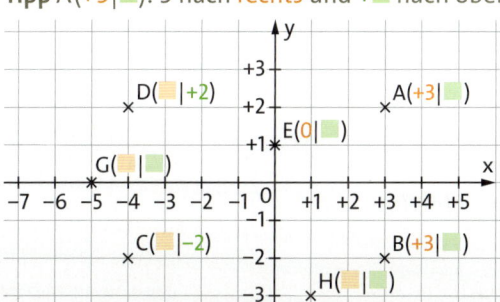

3 👥 Welche Fehler wurden gemacht? Erklärt sie euch gegenseitig.

a)
b)
c)

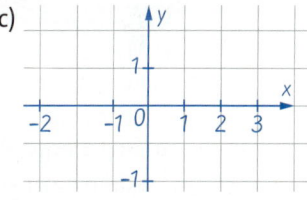

4 Zeichne ein Koordinatensystem mit den
Achsen von −6 bis +6.
Trage die Punkte ein.

A(+1|+3); B(+5|+1); C(+6|−2); D(0|−5);
E(−3|−4); F(−5|−2); G(−4|+2); H(−1|+3)

Tipp Gehe erst in Haus (vorwärts oder
rückwärts) und fahre dann mit dem Fahrstuhl
(nach oben oder nach unten).

Hinweis
Das „+" kann
man auch
weglassen.

5 Zeichne ein Koordinatensystem.
Trage die Punkte ein und verbinde sie.
Tipp Zeichne die Achsen von −5 bis +5.
a) A(+3|+1); B(+3|+5); C(−1|+5); D(−1|+1)
b) E(0|0); F(+2|−2); G(0|−4); H(−2|−2)

Tipp
Es entstehen zwei Quadrate.

6 👥 Denke dir Vierecke aus und zeichne sie in ein Koordinatensystem.
Diktiere die Eckpunkte deinem Partner. Vergleicht eure Vierecke.

🔖 Methode **Ganze Zahlen in einer Tabellenkalkulation**

Mit einer Tabellenkalkulation kann man positive und negative Zahlen anschaulich darstellen.
Dazu kann man zum Beispiel ein Säulendiagramm zeichnen.

ANWENDEN

1 Ein Säulendiagramm zeichnen

a) Übertrage die Werte in eine
   Tabellenkalkulation.
   Tipp Denke an die Vorzeichen.

b) Markiere alle Daten in deiner Tabelle und
   füge ein Säulendiagramm ein.

c) Beschreibe das Säulendiagramm.
   Wie werden positive und negative Zahlen
   dargestellt?

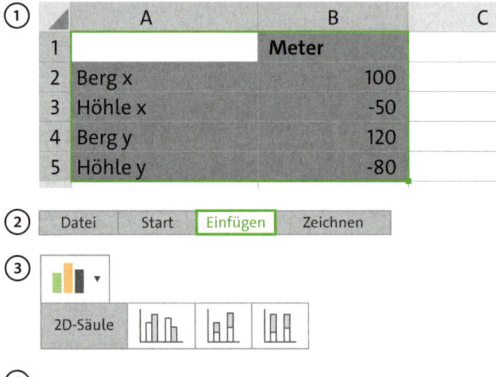

2 Das Säulendiagramm verändern

a) Verändere die Werte in deiner Tabelle.
   Wie verändert sich das Diagramm?

b) Ändere die Überschrift des Diagramms.

c) Füge Achsenbeschriftungen ein.

d) Verändere die Farbe des Diagramms.

e) Markiere die Werte erneut und füge andere
   Diagrammarten ein.
   Beurteile die Diagramme:
   Bei welchen Diagrammarten sind die
   negativen Zahlen gut erkennbar?

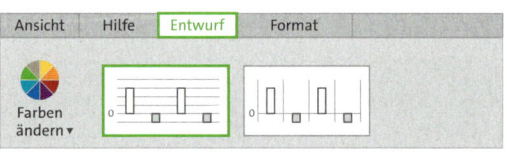

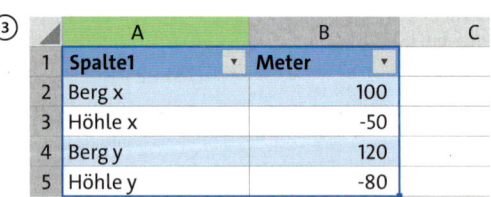

3 Werte der Größe nach sortieren

a) Markiere alle Daten in deiner Tabelle aus
   Aufgabe 1.
   Klicke auf „Einfügen" und auf „Tabelle".

b) Jetzt kannst du die Werte sortieren.
   Klicke dazu auf das kleine Dreieck neben
   „Meter".

c) Probiere die Sortierungen aus.
   Wie verändern sich die Daten?
   Wie verändert sich dein Diagramm?

4 👥 Nike und Addi wollen im Internet nach der tiefsten Stelle im Meer suchen.

Die tiefste Stelle im Meer ist
der „Marianengraben".

Das stimmt nicht. Hier steht,
dass es das „Witjastief 1" ist.

a) Sucht selbst im Internet nach
   „Marianengraben" und „Witjastief 1".

b) Wieso ergibt die Suche von Nike und Addi
   unterschiedliche Ergebnisse?

c) Erstellt eine Tabelle und ein Diagramm
   zu den fünf tiefsten Stellen im Meer und
   den 5 höchsten Bergen.
   Gestaltet das Diagramm farbig.